DIE WUNDEN DER SEELE HEILEN UND DAS INNERE KIND IN 5 SCHRITTEN BEFREIEN

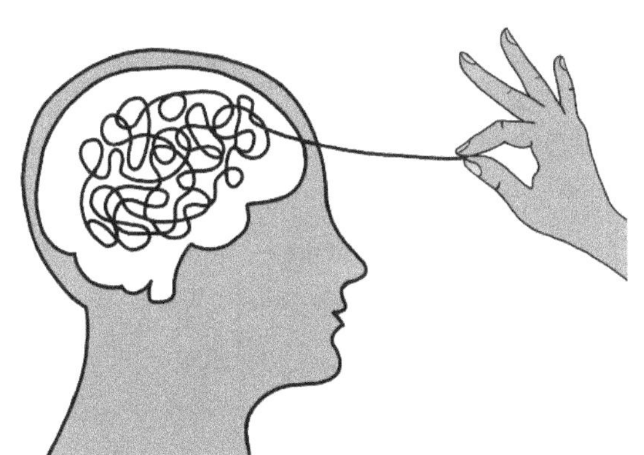

Guillaume Rabie

Table des matières

Einführung:

Es gibt Verletzungen, die du nicht sehen kannst. Aber sie können so tief in deiner Seele verwurzelt sein, dass sie dich für den Rest deines Lebens begleiten. Diese emotionalen Verletzungen sind Narben, die aus Problemen stammen, denen wir uns seit unserer Kindheit stellen mussten und die manchmal die Qualität unseres Erwachsenenlebens bestimmen. Aber es ist Zeit, dieses emotionale Gepäck loszulassen und den Schmerz ein für alle Mal loszuwerden. Wenn du dich von diesem emotionalen Ballast befreist, den du trägst, wirst du endlich Freude erfahren. Aber das erfordert etwas von dir. Um endlich besser zu werden, musst du zuerst die bewusste Entscheidung treffen, dich ändern zu wollen. Ohne einen unwilligen Willen zur Veränderung wird nichts erreicht.

Es ist nicht so schwer, diesen Schmerz loszuwerden.

Das innere Kind ist der unbewusste Teil von dir, der eine sehr wichtige Rolle bei der Gestaltung deiner heutigen erwachsenen Version spielt - sowohl in positiven als auch in negativen Aspekten. Alle Emotionen und Bedürfnisse, die du noch nicht ausgedrückt und als Kind zurückgestellt hast, spiegeln sich in deiner Realität wider. Dein Selbstwertgefühl, deine Energie, um dich kreativ und fröhlich auszudrücken, deine Lebensfreude und deine Fähigkeit, mit den Aufgaben, Pflichten und "Problemen" des Alltags umzugehen, sind in dir verborgen und warten darauf, entdeckt und gelöst zu werden.

Wenn wir in unserer Kindheit keine Erfahrung mit Liebe und Akzeptanz gemacht haben und uns nicht beachtet, gebraucht und gut genug gefühlt haben, wird uns unser Erwachsenenleben ständig daran erinnern (auf die eine oder andere Weise). Verdrängte Emotionen und Bedürfnisse werden Barrieren und Blockaden um uns herum schaffen, die unser Gefühl der Integrität mit uns selbst beeinträchtigen können. Dies führt oft zu Überzeugungen, dass man nicht gut genug ist, nicht gut genug ist und nichts Besseres verdient als das, was man im Moment hat.

Oftmals wollen Eltern, wenn sie ihre Kinder erziehen, nur das Beste für sie und vergessen dabei, dass jeder lebende Mensch seine eigenen Bedürfnisse hat. Es ist leicht, Ihrem Kind Schaden zuzufügen, indem Sie ihm nicht erlauben, er selbst zu sein und nach seinen eigenen Gefühlen zu leben. Als Ergebnis fühlt sich Ihr inneres Kind abgelehnt, unsichtbar und unerwünscht. Im Erwachsenenalter beginnen wir, die Quelle dieser falschen und verletzenden Überzeugungen und Muster zu suchen und begeben uns oft in Beziehungen und Bindungen zu Menschen, die unsere Traurigkeit, Wut, Frustration und Einsamkeit nur verstärken.

Oft gibt es diese inneren Stimmen in unserem Kopf, die uns ständig sagen:

- Du solltest das nicht laut sagen, denn du wirst jemanden mit deiner Meinung verletzen.
- Sie haben keine Chance auf diese Beförderung, weil Sie nicht gut genug sind.
- Sie verdienen diese Person nicht, weil Sie nicht auf seiner Ebene sind.
- Ihre Eltern sollten stolz auf Sie sein.

Indem Sie sich mit Ihrem inneren Kind verbinden, entdecken Sie allmählich all diese Mechanismen, die Sie in Ihrem Erwachsenenleben unwohl fühlen lassen, und Sie wissen nicht, wie Sie mit dem Gefühl umgehen sollen, dass Sie ein glückliches und wunderbares Leben nicht verdienen.

Wenn Sie lernen, alles zu benennen und diese bisher unterdrückten Emotionen und Gefühle auszudrücken, werden Sie schnell feststellen, dass Sie in der Lage sind, in Ihr eigenes Feld zu treten und den Gewohnheiten und Erfahrungsprogrammen, die Ihnen schaden, Frieden zu schließen. Dann werden Sie die Person, die Sie wirklich sind und immer waren, ohne künstliche Masken zu tragen oder vorzugeben, jemand zu sein, der Sie nicht sind und nicht sein wollen.

Emotionale Verletzungen ?

Emotionale Verletzungen können uns dazu bringen, schädliche Möglichkeiten zur Bewältigung unserer Emotionen zu entwickeln.

Es ist leider sehr häufig, dass unsere emotionale Gesundheit bereits in der Kindheit geschädigt wird. Oft wissen wir nicht genau, was uns stoppt, Schwindel verursacht oder Angst macht.

In den meisten Fällen resultiert dies aus dem, was wir in unserer Kindheit erlebt haben. Verletzungen, die durch frühe Erfahrungen mit der Welt verursacht wurden und niemals geheilt sind. Emotionale Verletzungen sind schmerzhafte Kindheitserfahrungen, die später im Leben unsere Persönlichkeit, unsere Identität und unsere Art, mit Widrigkeiten umzugehen, prägen. Wir müssen uns ihrer bewusst sein und vermeiden, sie zu verbergen. Je länger wir brauchen, um uns davon zu erholen, desto tiefer werden sie. Die Angst vor der Linderung des Leidens führt dazu, dass wir Hunderte von verschiedenen Masken erfinden, die nur unseren Fortschritt im Leben behindern. Genau das müssen wir vermeiden.

Wir sind alle Genies. Aber wenn Sie einen Fisch nach seiner Fähigkeit beurteilen, auf einen Baum zu klettern, wird er sein ganzes Leben lang glauben, er sei dumm.

Wussten Sie, dass die Art und Weise, wie Sie die Welt sehen, die Realität interpretieren und Situationen wahrnehmen, in der Kindheit erlernt wird? Die Umgebung, die Familie, der sozioökonomische und kulturelle Kontext, Lebenserfahrungen, der Charakter... haben ebenfalls Einfluss. Wir schenken ihnen nicht viel Beachtung, aber Kindheitserfahrungen hinterlassen Spuren, die unsere Persönlichkeit prägen. In diesem Buch werde ich erklären, wie emotionale Verletzungen aus der Kindheit unsere Gegenwart beeinflussen und unsere Zukunft beeinflussen können.

Die vergessene Kindheit bringt Seelenverletzungen hervor.

Die Kindheit ist eine unglaublich wichtige Zeit in unserem Leben, denn sie ist der Moment, in dem wir unsere Selbstwahrnehmung, unsere Beziehungen und die Welt formen. Vieles hängt von der Beziehung ab, die wir zu unseren Eltern haben.

Wenn wir als Kinder Gewalt oder Vernachlässigung von unseren Eltern erleben, wird unser Leben sehr kompliziert, und im Erwachsenenalter stehen wir vor vielen

Problemen. Es gibt viel Wut, Scham, Verzweiflung, die wir oft auf uns selbst richten und gegen uns selbst wenden, was zu Depressionen, Angstzuständen, Suizidgedanken, komplexen posttraumatischen Belastungsstörungen oder zurückgezogener Aggressivität, Impulsivität, Hyperaktivität und Sucht führen kann. Außerdem können wir in den meisten Fällen nicht auf unsere Eltern zählen, um uns zu unterstützen und anzuerkennen, was passiert ist.

Trotz der Tatsache, dass wir nicht für das erlebte Trauma verantwortlich sind, sind wir auf uns allein gestellt, um unsere Wunden zu heilen und die Freude am Leben wiederzufinden. Unser Weg zu uns selbst besteht darin, anzuerkennen, wer wir wirklich sind, und Abschied von dem zu nehmen, was wir versucht haben, um uns als Kinder zu retten und Liebe zu erhalten. Psychische Gewalt kann sich in Form von physischer Gewalt, sexuellem Missbrauch, psychischer Gewalt und Vernachlässigung manifestieren. Emotionale Schäden sind am schwersten zu erkennen, obwohl sie unser Verhalten, unsere körperliche Funktion, unsere Fähigkeit, unsere Umgebung zu erkunden und zu lernen, beeinflussen. Psychische Gewalt beinhaltet das Zufügen von psychischem Schmerz an ein Kind. Es bedeutet auch, Angst und Furcht zu erzeugen und auf die emotionalen Bedürfnisse des Kindes mit Ignoranz oder Wut zu reagieren.

Ich habe auch die Vernachlässigung von Kindern erwähnt, die ein Mangel an emotionaler Fürsorge und Aufmerksamkeit von unseren Eltern ist. Es handelt sich um einen Mangel an Unterstützung und Pflege, ein Fehlen von Reaktion auf die Schwierigkeiten und Bedürfnisse des Kindes. Es ist auch das Fehlen angemessener materieller Bedingungen, medizinischer Versorgung und Bildung, um die richtige Entwicklung zu leiten. Gewalt ist eine absichtliche Handlung. Vernachlässigung hingegen ist das Ergebnis von Unwissenheit und mangelndem Wissen. Diese Eltern fehlen oft an Motivation und Bereitschaft, auf die emotionalen Bedürfnisse ihrer Kinder einzugehen und gute Eltern zu sein. Psychologische Gewalt ist eine subtile Gewalt, von der viele von uns sich nicht bewusst sind. Oft erfahren wir die Wahrheit über unsere Kindheit im Laufe unseres Lebens. Wie Sie vielleicht wissen, ist sich nach solcher Gewalt wieder aufzubauen eine Arbeit, die Selbstmitgefühl, Selbstunterstützung und Ehrlichkeit über unsere Erfahrungen erfordert. Das Wichtigste ist, dass wir es schaffen können. Wir können lernen, uns selbst zu lieben.

Ich werde Ihnen nun mehr über emotionalen Missbrauch erzählen.

Ein gewalttätiger Elternteil ist jemand, der sich nicht um die emotionalen Bedürfnisse des Kindes kümmert oder keine Hingabe und Liebe zeigt, zum Beispiel wenn das Kind etwas "Falsches" getan hat. Wenn ein Elternteil sich weigert, in der Nähe seines Kindes zu sein, wenn es dies braucht, ist dies für das Kind eine traumatische Erfahrung.

Das Kind verliert das Vertrauen und das Gefühl der Sicherheit in der Beziehung zu der anderen Person, was sich auf die Bildung von Beziehungen im Erwachsenenalter auswirkt.

Was ich oft während der Sitzungen betone, und was ich auch bei mir selbst festgestellt habe, ist, dass ich meine Bedürfnisse als Kind für kindisch und unwichtig halte. Wenn wir dies in unserer Kindheit erlebt haben, verzichten wir oft auf viele Dinge, und unsere Bedürfnisse landen im Unterbewusstsein. Sie sind immer da, und weil wir uns nicht darum kümmern, empfinden wir Schmerz und Ablehnung, lernen aber, es nicht zu bemerken.

Eine weitere Sache, die ich oft erlebe, ist, dass ich meine schmerzhaften und traumatischen Erfahrungen als normal betrachte. Das bedeutet, dass wir die Bedeutung unserer Erfahrungen und der damit verbundenen Gefühle herunterspielen.

Wenn ich an mein Zuhause denke, verspüre ich das gleiche Gefühl der Isolation, das ich ständig hatte, als ich im Elternhaus lebte. Eltern, die zur Gewalt neigen, isolieren ihre Kinder oft, erlauben ihnen nicht, in angemessener Weise sozialen Kontakt zu anderen Kindern zu haben oder verwenden Isolation als Strafe. Ich erinnere mich immer noch daran, wie ich im Alter von 5-6 Jahren das Haus unbemerkt verlassen habe, um meine Freundin aus der Nachbarschaft zu besuchen, die ziemlich weit von meinem Zuhause entfernt wohnte. Mein Bedarf, in der Nähe von Kindern zu sein und mit ihnen zu spielen, war jedoch so stark, dass ich beschloss, die mir auferlegten Verbote zu überwinden. Leider hatten meine Handlungen schwerwiegende Konsequenzen für mich und führten dazu, dass ich meine Bedürfnisse blockierte und im Stillen und in Ohnmacht litt.

Eltern versetzen ihre Kinder oft in Angst, indem sie mit körperlicher Bestrafung oder anderen Arten von Strafen drohen. Das Kind fühlt sich so überwältigt und eingeschüchtert, dass es große Angst hat, sich seinen Eltern zu öffnen und sich zurückzieht.

Psychische Gewalt ist auch emotionale Vernachlässigung, das heißt Situationen, in denen ein Elternteil die Bedürfnisse eines Kindes ignoriert. Es ist auch die Botschaft an das Kind, dass es unerwünscht und unwichtig ist. Psychische Gewalt ist schwer zu erkennen, da das Kind, um in einem Zuhause zu überleben, in dem es sich unterdrückt und unerwünscht fühlt, seine Emotionen und Erfahrungen dieser Gewalt internalisiert, um weitere Gewalt zu vermeiden. Und im Erwachsenenalter erinnern wir uns oft nicht an das, was in unserer Kindheit passiert ist, wir können uns an keine Bilder oder Situationen erinnern.

Ein Kind, dessen Eltern nicht auf seine Bedürfnisse eingehen, übernimmt die Verantwortung dafür und versucht, unabhängig zu werden. Darüber hinaus übernehmen wir als Kinder auch die Verantwortung für erlittene Verletzungen und die Erfüllung der Bedürfnisse der Eltern. Sich selbst als Ursache dieses familiären Chaos zu sehen. Dies führt zu Selbstablehnung, Selbsthass und der Internalisierung toxischer Scham. Daher fällt es uns schwer, auf die Kindheit und das, was wir erlebt haben, ohne Puderzucker zu schauen. Es betrifft tatsächlich die erste und entscheidende Beziehung, die wir zu unseren Eltern haben.
Die meisten Menschen, die Opfer von psychischer Gewalt wurden, leben viele Jahre lang mit den Auswirkungen, ohne zu verstehen, dass die Probleme, mit denen sie konfrontiert sind, aus ihrer Kindheit stammen. Manchmal braucht es mehrere dramatische Lebenskrisen, um sich der Wahrheit zu stellen. Der innere Kritiker, der in der Regel äußerst kritisch und laut ist, hilft uns nicht, indem er uns für alles verantwortlich macht, was in unserem Leben passiert.

Die Auswirkungen von emotionaler Gewalt auf unser Leben?
Wir kämpfen gegen Emotionen, die wir nicht fühlen. Durch die Erfahrung von Gewalt lernen wir, dass das Ausdrücken von Emotionen gefährlich ist. Es ist sehr wahrscheinlich, dass Sie, wenn Sie sie in Ihrer Kindheit ausgedrückt haben, ignoriert, vernachlässigt, abgelehnt oder angeschrien wurden. Wenn das in unserer Beziehung zu unseren Eltern der Fall war, lernen wir auch, unsere Emotionen auszublenden, weil wir denken, dass es sicherer ist, dies zu tun. Doch unsere Emotionen, auch die unterdrückten, verschwinden nicht; sie bleiben im Unterbewusstsein und zeigen sich durch unser unbewusstes Verhalten und unsere Reaktionen.
Das Selbstwertgefühl ist ein unglaublich wichtiges Thema, denn ein Mangel an Selbstwertgefühl beeinflusst unser gesamtes Leben. Wenn wir als Kinder die Abwesenheit von Beteiligung und Gewalt der Eltern erleben, lernen wir, dass wir es nicht verdienen, geliebt zu werden. Wir entwickeln auch den Glauben, dass unsere Existenz bedeutungslos ist, dass wir es verdienen müssen, Liebe und Güte zu erfahren! Wenn wir nicht an den Traumata unserer Kindheit und der Beziehung zu unseren Eltern arbeiten, übertragen wir auch diese Überzeugungen auf uns selbst

und glauben immer tiefer, dass wir schlecht behandelt werden verdienen und dass wir Güte und Glück nicht verdienen.

Gebrochene Beziehungen: Unsere Beziehung zu unseren Eltern, insbesondere zu unserer Mutter, ist unser Modell für andere Beziehungen. Sie ist mit unserem Bindungsstil verbunden, den wir in unserer Kindheit entwickeln. Die Misshandlungen, denen wir ausgesetzt sind, machen uns anfällig für toxische Beziehungen, in denen wir ein in der Kindheit erlerntes Muster wiederholen. Wir können Unsicherheit, Angst, Drama und Gewalt in unseren Beziehungen erleben.
Die toxische Scham drängt uns dazu, uns selbst abzulehnen, indem wir glauben, dass wir der Grund dafür sind, dass wir in unserer Kindheit keine Liebe erhalten haben. Die toxische Scham verstärkt Verhaltensweisen in uns, die unser Leben zerstören und Selbstsabotage betreiben. Die toxische Scham hindert uns auch daran, wir selbst zu sein. Wir passen uns an, indem wir uns in ein perfektes Bild zurückziehen und glauben, dass wir, wenn wir Perfektion erreichen, die erwartete Liebe erhalten werden. Die Schuld verlässt uns ebenfalls nicht, was uns anfällig für toxische Beziehungen macht. Die toxische Scham hindert uns daran zu sehen, wie sehr wir verletzt wurden. Sie hindert uns auch daran zu erkennen, dass wir nicht dafür verantwortlich sind.
Die Selbstkritik ist ein Zeichen für eine starke innere Kritik, die aus dem resultiert, was wir von unseren Eltern gehört haben und wie wir behandelt wurden. Unsere innere Kritik war derjenige, der versuchte, uns vor Ablehnung zu schützen. Er tat dies, indem er kritisierte, ablehnte und giftig war, damit wir perfekt würden. ***In der Kindheit war es ein Mechanismus, der uns schützte, aber im Erwachsenenalter ist es ein Mechanismus, der uns innerlich zerstört und uns unserer Kraft und Energie beraubt***.

Was wir tun können, um uns selbst zu helfen.

Der erste Schritt besteht darin, ehrlich zu sich selbst zu sein. Dies ermöglicht es uns, eine andere Perspektive auf unser Leben und uns selbst aufzubauen. Es ist äußerst wichtig, das Geschehene zu benennen und zu systematisieren und Unterstützung zu erhalten. Dies ist der erste Schritt in Richtung Freiheit und Selbstkenntnis. Es befreit uns auch und gibt uns den Raum, um Antworten auf Fragen zu suchen, die Sie wahrscheinlich viele Jahre lang beschäftigt haben.
Lernen Sie Ihre Emotionen kennen und treten Sie in Kontakt mit Ihrem inneren Kind. Dieser Schritt wird uns ermöglichen, noch tiefer in den Prozess einzutauchen, da die in uns angestauten Emotionen uns genau zeigen werden, was wir erlebt haben und welche Auswirkungen diese Ereignisse hatten. Wir werden auch herausfinden,

welchen Teil von uns wir nicht akzeptieren und ablehnen, was es uns ermöglicht, unsere Identität allmählich wieder aufzubauen. Indem wir uns wieder mit unseren Emotionen verbinden, entdecken wir, wo unser Raum ist. Was wir in unserem Leben wollen und was wir nicht wollen. Was sind unsere Werte und Bedürfnisse. Dadurch sind wir auch bereit, Grenzen zu setzen, die uns eine schrittweise Wiederherstellung unseres Lebensraums und ein Gefühl von Glück und Lebensfreude garantieren. Grenzen ermöglichen es uns auch, unsere Umgebung zu schützen und wertvolle Menschen in unser Leben einzuladen.

Holen Sie sich Hilfe - wenn Sie komplexe Symptome von posttraumatischem Stress haben, haben Sie Schwierigkeiten, zu funktionieren und zu leben. Die Akzeptanz der Verletzungen, die Überbleibsel psychologischer Gewalt und Vernachlässigung in der Kindheit sind, ist ein komplexer Prozess, den Sie nicht immer alleine bewältigen können. Es lohnt sich, eine Selbsthilfegruppe oder zumindest eine Person zu suchen, die versteht, was Sie durchmachen. Es wird auch Zeiten geben, in denen Sie professionelle Hilfe benötigen, um bestimmte Emotionen und Situationen aus Ihrer Vergangenheit zu bewältigen. Natürlich gibt es für alles eine Zeit. Wenn Sie sich nicht bereit fühlen, sich jemandem zu öffnen und über Ihre Erfahrungen zu sprechen, nehmen Sie sich Zeit. Dann können Aufzeichnungen, Podcasts, Bücher und Online-Kurse Ihre Unterstützung sein. Der Heilungsprozess ist eine harte Etappe in unserem Leben, aber mit den Auswirkungen dieser Erfahrungen zu leben, ist für unsere geistige und körperliche Gesundheit viel belastender.
Entwickeln Sie Selbstmitgefühl, das ein außergewöhnliches Werkzeug in der Genesung ist. Das ist auch etwas Wesentliches. Ich erinnere mich selbst daran, dass es vor einigen Jahren ein sehr wichtiger Moment für mich war, als ich Kristin Neffs Buch "Wie man gut zu sich selbst ist" gelesen habe. Es ermöglichte mir, meine Beziehung zu mir selbst zu erkunden und zu sehen, wie sehr ich mich selbst immer noch misshandeln kann. Die Autorin hat mir die Augen geöffnet für die Art und Weise, wie man ein guter Elternteil für sich selbst sein kann und was das wirklich bedeutet. Wenn wir in unserer Kindheit Missbrauch erlebt haben, wissen wir als Erwachsene oft nicht, wie wir uns selbst pflegen, unterstützen und respektieren sollen, da wir toxische Muster von Liebe und Selbstfürsorge internalisiert haben.
Selbstmitgefühl bedeutet nicht, nett zu sich selbst zu sein oder sich selbst zu bemitleiden. Selbstmitgefühl erfordert, uns so anzusehen, wie wir wirklich sind, und es anzuerkennen - unsere Fehler, unsere Verstöße und unser Leiden genauso wie unsere Erfolge. Selbstmitgefühl bedeutet, sanft, fürsorglich und

verständnisvoll zu sein, als wären wir es zu einer bedeutsamen Person in unserem Leben, die uns sehr am Herzen liegt. Selbstmitgefühl bedeutet auch, die Gefühle des inneren Kindes ernst zu nehmen und seine Bedürfnisse sowie die des Erwachsenen in mir anzuerkennen.

Wenn unsere Eltern uns verletzen, hinterlässt dies tiefe Wunden in uns, die in unserem Leben als Teenager und Erwachsene viele Probleme verursachen. Ich denke, wenn du dein Leben jetzt mit einer neuen Perspektive betrachtest, siehst du das. Es ist eine schwierige Perspektive, die viele Emotionen von Wut bis Schmerz auslösen kann. Wenn Sie Ihre Kindheitswunden heilen möchten, erfordert dies eine tiefgehende Arbeit mit unserem inneren Selbst und unseren emotionalen Verletzungen. Es bedeutet auch, sich auf unsere Bedürfnisse zu konzentrieren und für sie zu sorgen. Auf diese Weise konfrontieren wir unsere inneren Überzeugungen und die Widerstände, die auf dem Weg zur Heilung auftreten werden. Der Heilungsprozess besteht auch darin, sich in die Person zu verlieben, die wir wirklich sind, mit all unseren Schwächen und Stärken. Es geht auch darum, gesunde Beziehungen zu Menschen aufzubauen, auf die wir zählen können und die uns Unterstützung und Akzeptanz bieten.

Was ist eine emotionale Verletzung?

Es ist eine Tatsache, dass wir alle "Verletzungen" aus unserer Kindheit haben. Trotz der Bemühungen unserer Eltern oder der Betreuungspersonen, die sich um uns kümmern, trotz der Liebe, die sie uns entgegenbringen, könnte man sagen, dass wir alle "Verletzungen" haben, die oft in unserem Zuhause entstehen. Sie könnten sich fragen... Was ist eine emotionale Verletzung? Um diese Frage zu beantworten, lade ich Sie ein, sich einen Vorfall vorzustellen, der in Ihnen eine starke Emotion auslöst, wie Schmerz, Wut, Einsamkeit, Ärger, Angst, Traurigkeit..., und den Sie nicht angemessen bewältigen können. Wenn diese starke Emotion in Ihnen bleibt, entsteht eine emotionale Verletzung. Wenn wir nicht über die notwendigen Werkzeuge verfügen, um mit diesen Emotionen umzugehen, oder nicht die angemessene Unterstützung erhalten, laufen wir Gefahr, uns an das Gefühl dieser starken Emotionen zu "gewöhnen" und sie nicht zu bewältigen.

Wie entstehen die ersten Verletzungen?

Emotionale Verletzungen können das Ergebnis von traumatischen Ereignissen sein (Missbrauch, Tod eines Familienmitglieds, Misshandlung...), können aber auch durch eine verzerrte Interpretation der Realität in der Kindheit verursacht werden. Es ist wichtig zu betonen, dass wir als Kinder in der Lage sind, Situationen und sogar Details wahrzunehmen, aber unsere Interpretation ist noch sehr unreif, und wir sind nicht in der Lage, angemessen zu verstehen, was um uns herum geschieht. Wir sind phylogenetisch darauf programmiert, unbewusst auf alle "möglichen" Reize zu achten, und nur eine kleine Anzahl dieser Reize wird bewusst verarbeitet.

Im Laufe des Aufwachsens nehmen die Anzahl der Verletzungen zu oder die Verletzungen, die wir bereits haben, werden größer. Einige dieser Verletzungen heilen, wenn wir älter werden, aber andere werden "infiziert". Um damit umzugehen, entwickeln wir verschiedene Verhaltensweisen, um den Schmerz zu "vermeiden", den sie uns zufügen. Aber genau das ist das Problem; wir vermeiden es, wir lösen es nicht, und das Problem wird immer mehr in uns "verankert". Man könnte sagen, dass wir uns selbst betäuben, was uns daran hindert, ihm die gebührende Aufmerksamkeit zu schenken und Hilfe zur Lösung zu suchen.

Warnzeichen

Im Allgemeinen finden wir in der Therapie verschiedene Anzeichen, die darauf hinweisen, dass eine Person "infizierte" emotionale Verletzungen haben könnte und dass die Verhaltensweisen, die sie zeigt, tatsächlich Symptome dieser "Infektion" sind. Als Beispiel möchte ich einige Anzeichen erwähnen, die wir identifizieren sollten, aber es gibt viele weitere.

- **Hohe Angstniveaus:** Sie äußern sich in Herzklopfen, Zittern, übermäßigem Schwitzen, einem Gefühl unmittelbarer Gefahr, schnellem Atmen usw.
- **Depression:** Sie äußert sich in anhaltender Traurigkeit oder Leere, Verzweiflung, Mangel an Motivation, anhaltendem Gefühl der Minderwertigkeit oder Schuldgefühlen usw.
- **Schwierigkeiten in emotionalen Beziehungen:** Es treten ständige Konflikte in emotionalen Beziehungen auf oder es gibt Schwierigkeiten, solche Beziehungen aufzubauen und aufrechtzuerhalten.
- **Schlafprobleme:** Es kann Schwierigkeiten beim Einschlafen oder Durchschlafen geben, oder man schläft übermäßig viele Stunden.
- **Obsessive Gedanken:** Wiederkehrende Ideen, die erhebliches Unbehagen verursachen.
- **Unsicherheit:** Mangelndes Selbstvertrauen in sich selbst und in die eigenen Fähigkeiten und Ressourcen.

- **Angst:** Sie erstreckt sich auf verschiedene Lebensbereiche und "blockiert" oder "lähmt" uns bei der Verfolgung unserer Ziele.
- **Misstrauen:** Es äußert sich in der Tendenz zu glauben, dass Menschen unehrlich zu uns sind, was uns daran hindert, gesunde Beziehungen aufzubauen.
- **Abwehrende oder aggressive Haltung:** Es fällt schwer, unsere Verantwortung in Situationen anzuerkennen oder Kritik zu akzeptieren, daher sind wir auf Angriff oder Verteidigung vorbereitet.

Die Hauptemotionale Verletzungen der Kindheit

Emotionale Verletzungen aus der Kindheit begleiten uns ins Erwachsenenalter. Diese Verletzungen fühlen sich an, als wären sie gerade erst zugefügt worden. Wenn ein Kind gelernt hat, sich auf eine bestimmte Weise zu verhalten, zu reagieren, zu fühlen und zu denken, ist es schwer, diese Haltung im Erwachsenenalter zu ändern.

Laut psychologischen Studien gibt es gemeinsame emotionale Verletzungen aus der Kindheit, die unsere Sicht auf das Leben beeinflussen. Ich werde die 5 wichtigsten emotionalen Verletzungen erwähnen, die hauptsächlich in der Kindheit auftreten und sich auf unser Verhalten in Beziehungen zu anderen auswirken.

1. Die Verlassenheitsverletzung:

Die Verlassenheit ist der schlimmste Feind für diejenigen, die sie auch in ihrer Kindheit erlebt haben. Stellen Sie sich vor, wie schmerzhaft es für ein Kind sein muss, die Angst zu haben, allein, isoliert und ungeschützt in einer unbekannten Welt zu sein.

Die emotionale Verlassenheitsverletzung dauert bis ins Erwachsenenalter. Kinder, denen die Nähe ihrer Eltern fehlt, wachsen mit einem Gefühl der Leere und mangelnder Wertschätzung auf. Emotionale Verlassenheit tritt auf, wenn Eltern physisch oder emotional abwesend sind, sei es, weil sie nicht genug Zeit haben oder einfach nicht das Gefühl haben, dem Kind zu gehören. Und wenn unsere emotionalen Bedürfnisse in der Kindheit über einen längeren Zeitraum hinweg nicht erfüllt wurden, sodass wir Einsamkeit, mangelnde Zuneigung oder mangelnden Schutz erleben konnten.

Diese Verletzung gilt als eine Form von Kindesmisshandlung, die, wie der Mangel an Liebe, die Fähigkeit hat, eine Person zu zerstören, die damit aufwächst. Manchmal führt diese Verletzung zu Depressionen und chronischer Traurigkeit.

Menschen, die diese offene Verletzung haben, können versuchen, von ihren Partnern, Freunden oder Kindern die Zuneigung zu erhalten, die ihnen in der Kindheit gefehlt hat, und können eine emotionale Abhängigkeit entwickeln. Sie können auch diese Angst vor dem Verlassenwerden durch Schutzmechanismen zum Ausdruck bringen, um nicht wirklich in Kontakt mit anderen Menschen zu treten und so das Verlassen zu vermeiden. Dies sind zwei Seiten derselben Verletzung. Daher neigen Menschen, die dies erleben, dazu, Beziehungen und Projekte frühzeitig aufzugeben. Dies spiegelt einfach die Angst vor erneutem Schmerz wider. Es ist völlig normal, dass diese Menschen auf folgende Weise denken und sprechen: "Ich werde dich verlassen, bevor du mich verlässt", "niemand unterstützt mich, also werde ich das auch nicht unterstützen", "wenn du gehst, wirst du nicht zurückkommen"... Diese Menschen müssen an ihrer Angst vor dem Alleinsein arbeiten. Ihre Angst vor dem Verlassenwerden und die Angst vor der Zurückweisung körperlichen Kontakts (Umarmungen, Küsse, sexuelle Kontakte...). Die Verletzung ist nicht leicht zu heilen, aber sich der Angst vor dem Alleinsein zu stellen, ist ein guter Anfang. Bis ein positives und ermutigendes inneres Gespräch aufkommen kann.

2. Verletzung durch Ablehnung:

Diese Kindheitserfahrung wird durch die Ablehnung der Eltern, der Familie oder der Gleichaltrigen verursacht. Der Schmerz dieser Verletzung hindert das Kind daran, gesundes Selbstwertgefühl und Selbstliebe zu entwickeln. Sie führt zu Gedanken der Ablehnung, der Selbstsucht und der Entwertung.
Sie (Eltern oder andere) könnten unsere Gedanken, Gefühle, Erfahrungen usw. abgelehnt haben, kurz gesagt, sie könnten einen Teil von uns abgelehnt haben. Dies erzeugt die Vorstellung, dass wir nicht liebenswert sind oder geliebt werden sollten, und kann zu Selbsthass führen.
Die Angst vor Ablehnung basiert auf sozialer Ablehnung, sei sie berechtigt oder nicht. Es kann das Gefühl des Verlusts des Schutzes einer nahestehenden Person sein. Ein Kind, das Angst vor Ablehnung hat, wächst mit der Furcht auf, eine Person mit geringem Selbstwertgefühl und geringer Selbstliebe zu werden. Diejenigen, die dies erlebt haben, werden zu Menschen, die ihre eigene Meinung opfern, um die Standards anderer zu übernehmen. Diese Verletzung hindert uns daran, unsere Gefühle, Gedanken und Erfahrungen anzunehmen. Deshalb fühlt sich das abgelehnte Kind unwürdig, geliebt zu werden. Das Gefühl, nicht würdig zu sein, gehört gehört und die Angst, diesen Schmerz erneut zu erleben, führen zu einem stärkeren Gefühl der Isolation.

Menschen, die unter dieser offenen Wunde leiden, haben Schwierigkeiten, Kritik zu akzeptieren und leiden stark, wenn jemand ihre Idee oder ihren Vorschlag nicht akzeptiert. Sie suchen oft nach Anerkennung und Zustimmung von anderen. Sie können auch zwischenmenschliche Beziehungen vermeiden, um Ablehnung zu vermeiden.

Eine Person, die in ihrer Kindheit abgelehnt wurde, neigt dazu, im Erwachsenenalter schüchtern und ausweichend zu werden. Deshalb müssen wir gegen diese innere Angst kämpfen, die zur Panik führt. Wenn das auf Sie zutrifft, überlegen Sie Ihr Verhalten und treffen Sie Entscheidungen für sich selbst. Jedes Mal werden Sie gleichgültiger, wenn Menschen sich distanzieren, und versuchen Sie, es nicht persönlich zu nehmen, wenn Menschen manchmal vergessen, Sie einzubeziehen. Sie sind die einzige Person, die Ihr Leben leben muss.

3. Demütigungswunde:

Diese Wunde entsteht, wenn wir Missbilligung spüren und in unserer Kindheit viele Kritikpunkte erhalten, die sich auf unsere Handlungsweise beziehen, wenn sie unsere Fähigkeiten oder Fertigkeiten kritisieren, wenn sie Dinge für uns tun. Dies führt dazu, dass wir uns nutzlos und unfähig fühlen, unsicher in Bezug auf unsere Ideen und Gedanken.

Wir können diese Wunde bei Kindern erzeugen, indem wir ihnen sagen, dass sie dumm, schlecht oder übergewichtig sind oder indem wir vor anderen über ihre Probleme sprechen (was traurig ist, aber sehr üblich). Dies zerstört zweifellos das Selbstwertgefühl des Kindes und erschwert die Entwicklung eines gesunden Selbstvertrauens erheblich. Dies äußert sich oft in einer abhängigen Persönlichkeit. Darüber hinaus lernen wir, "rücksichtslos" und egoistisch zu sein, als eine Art Abwehrmechanismus, der sogar dazu führt, andere zu erniedrigen, um uns zu schützen.

Um diese Erfahrungen zu bewältigen, ist es notwendig, an seiner Unabhängigkeit und Freiheit zu arbeiten, sowie ein besseres Verständnis für die eigenen Bedürfnisse, Ängste und Prioritäten zu entwickeln.

Diejenigen, die diese offene Wunde haben, haben ein zerbrechliches und verletzliches Selbstwertgefühl. Sie neigen dazu, von dem Bild abhängig zu sein, das andere von ihnen haben, und sind ständig auf deren Zustimmung und Anerkennung angewiesen. Aus diesem Grund sind sie oft so nachgiebig, dass sie sich selbst aufgeben, und können sich sogar selbst lächerlich machen, denn tief in ihrem Inneren betrachten sie sich als minderwertig, unwürdig oder weniger wertvoll, als sie es tatsächlich sind.

4. Die Verletzung des Verrats:

Diese Wunde entsteht, wenn wir in unserer Kindheit Erfahrungen gemacht haben, bei denen wir getäuscht wurden, weil unsere Eltern oder Hauptverantwortlichen ihre Versprechen nicht gehalten haben. Es kann sich um ein einzelnes, aber bedeutsames Ereignis handeln oder um wiederholte Ereignisse, die Misstrauen und Einsamkeit verursachen. Dadurch entsteht Misstrauen, das zu Eifersucht und anderen negativen Emotionen führen kann, sowie das Gefühl, nicht ausreichend würdig für Versprechen und das zu sein, was andere zu bieten haben.

Diese Probleme in der Kindheit führen im Erwachsenenalter zu kontrollierenden Persönlichkeiten und Perfektionismus. Dies sind Menschen, die wollen, dass alles mit Nägeln von sieben Zoll Länge genagelt ist, ohne Details und ohne dem Zufall etwas zu überlassen. Wenn Sie solche Probleme in Ihrer Kindheit erlebt haben, neigen Sie wahrscheinlich dazu, eine gewisse Kontrolle über andere ausüben zu wollen. Dies wird oft durch eine starke Persönlichkeit verstärkt, ist jedoch ein Abwehrmechanismus, ein Schild, der Sie vor Enttäuschungen schützt. Dies spiegelt sich in ihrem Verhalten wider, und sie lassen andere ihre Vorurteile spüren. Solche Menschen müssen an ihrer Geduld und Toleranz arbeiten sowie lernen, alleine zu sein und Verantwortung abzugeben.

Diejenigen, die diese offene Wunde haben, haben oft Probleme mit dem Vertrauen in zwischenmenschlichen Beziehungen und neigen dazu, dies durch "Kontrolle" auszugleichen, da dies ihnen Sicherheit gibt und sie weniger anfällig für Verrat macht.

5. Die Verletzung der Ungerechtigkeit:

Diese Verletzung entsteht, wenn unsere Erziehung autoritär war und die Ansichten unserer Eltern aufgezwungen hat, ohne Rücksicht auf unsere Bedürfnisse oder Interessen. Das Gefühl der Ungerechtigkeit wird in Umgebungen erlebt, in denen die Verantwortlichen kalt und autoritär sind. Diese anspruchsvollen Persönlichkeiten schaffen ein Gefühl der Ohnmacht und der Leere, sowohl in der Kindheit als auch im Erwachsenenalter.

Albert Einstein hat diese Idee in einem bekannten Zitat zusammengefasst: *"Wir sind alle Genies. Aber wenn Sie einen Fisch danach beurteilen, ob er auf einen Baum klettern kann, wird er sein ganzes Leben glauben, er sei dumm."*

Diejenigen, die diese Art von Schmerz erleben, können steif werden und alles in Schwarz-Weiß sehen. Dies äußert sich in Meinungen und Werturteilen, die sie als absolute Wahrheiten darstellen. Sie haben oft Schwierigkeiten, andere Perspektiven zu akzeptieren, und neigen zur Ordnung und Perfektionismus. Diese

Menschen versuchen normalerweise, wichtig zu sein und große Macht oder großen Erfolg zu erlangen. Sie können Ordnungsfanatiker werden. Sie haben oft radikale Ideen, was es schwer macht, sichere Entscheidungen zu treffen.

Um diese Probleme zu lösen, müssen wir an unserem Misstrauen und unserer geistigen Starrheit arbeiten. Dadurch können wir Raum für mehr Flexibilität und Vertrauen in andere schaffen. Der erste Schritt, wie bei allem im Leben, besteht darin, die inneren Verletzungen anzuerkennen, sich selbst zu erlauben, wütend zu sein, und vor allem, sich Zeit zur Heilung zu geben.

Können diese Verletzungen geheilt werden?

Wir sind nicht dazu verdammt, für immer mit diesen "infizierten" oder offenen Wunden zu leben. Im Rahmen einer psychotherapeutischen Behandlung können wir daran arbeiten, unsere Verletzungen zu identifizieren und zu heilen. Meiner beruflichen Erfahrung nach haben wir alle diese Verletzungen in unterschiedlichem Maße. Manchmal haben wir sie ohne unser Wissen geheilt, aber im Allgemeinen sind wir täglich mit diesen Verletzungen in Kontakt und schenken ihnen oft nicht die gebührende Aufmerksamkeit. Wir laufen Gefahr, uns daran zu gewöhnen und zu denken, "das ist eben so" oder "wir haben kein Glück". In Wirklichkeit führt die Verbindung zu unseren Verletzungen dazu, dass wir uns anders verhalten, was weder gesund noch angemessen ist. Dies wird auch dadurch beeinflusst, dass die ursprüngliche Verletzung oft aus der Kindheit stammt, und da wir in diesem Alter nicht über ausreichend entwickelte kognitive Fähigkeiten verfügen, sind wir uns dieser Erinnerungen und ihrer Auswirkungen auf uns nicht unbedingt bewusst.

In den folgenden Kapiteln werden wir entdecken, wie man unsere emotionalen Wunden in 5 Schritten heilen kann.

SCHRITT I: BEWUSSTSEIN

Emotional verletzt?

Sind Sie emotional verletzt? Dann lesen Sie weiter, um Ratschläge zur Heilung und zur Erlangung emotionaler Freiheit zu erhalten.

Vielleicht haben Sie gehört - und stimmen zu -, dass alle Emotionen eine Botschaft haben und dass Sie auf das hören sollten, was sie Ihnen sagen? Ich treffe sicherlich viele Menschen in meiner Praxis, die dies intellektuell wissen, aber immer noch taub gegenüber den schmerzhaftesten Emotionen sind. Diejenigen, die direkt ins Herz treffen. Wir ziehen es vor, sie nicht zu spüren.

Aber lassen Sie mich Sie dies fragen:

Wenn Sie hinfallen und sich das Knie stoßen, eine Wunde haben und es blutet. Was machen Sie? Kümmern Sie sich darum, reinigen Sie es, verbinden Sie es und achten darauf, dass es ordnungsgemäß heilt?

Oder tun Sie so, als ob es nicht da wäre, als ob es nicht weh täte oder brennen würde, und hoffen, dass es verschwindet?

Die große Mehrheit von uns wird die erste dieser beiden Optionen wählen. Aber so offensichtlich das im Hinblick auf die körperliche Verletzung ist, so wenige von uns entscheiden sich dafür, dasselbe zu tun, wenn es um die Verletzungen geht, die wir auf emotionaler Ebene erleiden. Bereits in unserer Kindheit haben wir gelernt, eine Reihe von emotionalen Mustern, die uns größtenteils ein Leben lang begleiten. Einige dieser Muster haben sich zu ungesunden emotionalen Gewohnheiten entwickelt. Und wie bei allen Gewohnheiten, laufen sie, sobald sie im Autopilot-Modus installiert sind, automatisch ab.

Wenn das Modell, das Sie gelernt haben, darauf basiert, Emotionen zu unterdrücken (insbesondere unangenehme Emotionen wie Trauer, Wut, Scham und Schuld), weil sie unerwünscht sind, wird dies zu einer ungesunden emotionalen Gewohnheit, die so tief verwurzelt ist, dass Sie vielleicht nicht glauben, dass Sie anders wählen können.

Das einzige Problem dabei ist, dass das Nicht-Behandeln Ihrer emotionalen Verletzungen einen enormen negativen Einfluss auf Ihr Leben hat.

Wenn emotionale Verletzungen zu selbst erfüllenden Prophezeiungen werden.

Ich hatte einen Mann in einem Kurs, der in seiner Kindheit einen schweren Verlust erlitten hatte. Es war ein großer Verrat, der natürlich eine sehr schmerzhafte Erfahrung für ihn gewesen war.

- Er wurde verletzt.
- Es tat weh.

- Sehr schmerzhaft.
- Mitten ins Herz.

Aber das Gefühl der Trauer wurde nie geheilt, denn es durfte nicht weinen und traurig sein. Stattdessen wurde ihm gesagt, ein starker Junge zu sein und aufzuhören zu weinen. So entwickelte er aus reinem Überlebenstrieb eine ungesunde emotionale Gewohnheit, seine Emotionen zu unterdrücken und den Schmerz zu verdrängen. Aber... Da die Wunde nicht "geheilt" wurde, hatte die Emotion immer noch Energie in seinem Unterbewusstsein und minderte seine Lebensqualität hier, 35 Jahre später!

Seine unbehandelte Erfahrung von Verlust und Verrat führte dazu, dass er im Erwachsenenalter viele Situationen aus Angst vor Verlust überinterpretierte. Er glaubte fälschlicherweise, dass die Menschen, die ihm wichtig waren, ihn früher oder später im Stich lassen würden.

Diese falsche Schlussfolgerung hat seine Beziehungen zu anderen Menschen beeinflusst. Er hatte Schwierigkeiten, enge und intime Beziehungen aufzubauen. Seine Beziehungen waren oft konfliktbeladen. Und immer wieder wurden Beziehungen, die ihm sehr am Herzen lagen, beendet, weil "die anderen" es satt hatten, ständig verdächtigt zu werden und sich erklären und verteidigen zu müssen.

Ganz unbemerkt, ohne dass er es bewusst realisierte, war diese Angst zu einer _**sich selbst erfüllenden Prophezeiung**_ geworden.

Es gibt eine große Ähnlichkeit zwischen physischem Schmerz und emotionalem Schmerz. Wissenschaftler haben mithilfe von Gehirnscans herausgefunden, dass dieselbe Hirnregion aktiviert wird, wenn wir emotionalen Schmerz empfinden (wie Enttäuschung, Ablehnung und Scham) und wenn wir physischen Schmerz empfinden (wie eine verletzte Kniescheibe).

Es ist eine echte Verletzung, und es tut weh!
Genau wie physischer Schmerz Ihnen signalisiert, dass es etwas gibt, um das Sie sich kümmern müssen - das Knie ist verletzt und muss behandelt werden - zeigt Ihnen auch emotionaler Schmerz, dass es etwas gibt, um das Sie sich kümmern müssen. Auch wenn es sehr unangenehm sein kann!
Wenn Sie (wie unser Herr) wählen, den Schmerz zu ignorieren, riskieren Sie einfach, dass er bleibt und das Problem sich verschlimmert. Der Schmerz kann sich in physischen Symptomen wie Muskelverspannungen, Kopfschmerzen, Bauchschmerzen und chronischer Müdigkeit äußern. Und das kann sich in

psychologische Probleme verwandeln, wie Aggressivität, die Sie dann auf unschuldige Menschen in Ihrer Umgebung übertragen, oder ständige "Bauchschmerzen", die sich auf Ihre Beziehungen sowohl zu Hause als auch bei der Arbeit auswirken.

Es ist nichts mit Ihnen nicht in Ordnung!
Niemand durchlebt das Leben, ohne auf die eine oder andere Weise emotionale Schmerzen zu empfinden. Wir alle erleben im Leben Situationen und unangenehme Erfahrungen, die uns verletzen und emotional verletzen. Tatsächlich passieren uns diese Verletzungen genauso oft oder sogar öfter als physische Verletzungen. Es ist also nichts mit Ihnen nicht in Ordnung, und Sie sind kein Verlierer, weil Sie verletzt wurden und gelitten haben.
Ihr Gehirn ist darauf "programmiert", auf Schmerz zu reagieren. Und Sie müssen sich ihm stellen, um diese Emotionen zu heilen und ihre Energie aus Ihrem Inneren abzuleiten.

Wie kann man sich befreien?
Glücklicherweise haben die Dinge, die uns verletzen und leiden lassen, tatsächlich einen großen Nutzen.
- Wir wachsen durch Schmerz.
- Wir wachsen durch schwierige Situationen.
- Tatsächlich gibt es auf der anderen Seite ein "Geschenk" für Sie - wenn Sie bereit sind, durch den Schmerz zu gehen!

Mit Übung können Sie lernen, flexibler und angemessener auf Ihre schmerzhaften Erfahrungen mit negativen Emotionen wie Trauer, Scham und Angst zu reagieren. Nicht, um sie zu bekämpfen und zu unterdrücken, zu verdrängen oder ihr Ausdrücken zu verbieten, sondern um sie zu beobachten, bei ihnen zu sein und mit liebevollem Verständnis zu reagieren. Dies ist ein völlig anderer Ansatz zum Leben. Es ermutigt Sie, Ihre Gewohnheiten der Selbstverteidigung zu transformieren, hilft Ihnen, ein furchtloses Herz zu entwickeln, ermutigt Sie, inmitten der Unsicherheit sicher zu sein, und wird Ihnen letztendlich emotionale Freiheit schenken.

Um Sie auf Ihrem Weg zu unterstützen, können Sie folgenden Prozess befolgen:

♥ Identifizieren und anerkennen, was Sie authentisch fühlen.
Es geht darum, Ihre Gefühle und emotionalen Muster kennenzulernen. Sie müssen sich von Kopf bis Fuß selbst kennenlernen. Dies erfordert Selbstbewusstsein und

Achtsamkeit, was bedeutet, dass Sie bereit sind, vollkommen präsent zu sein und ohne Urteil zu beobachten.

♥ Hinterfragen Sie die Bedeutungen, die Sie Ihren emotionalen Erfahrungen geben.

Sie könnten auch viele falsche Schlussfolgerungen über Ihre emotionalen Erfahrungen gezogen haben, die zu Bedeutungen über Sie selbst geworden sind, wie zum Beispiel:

- "Ich bin schwach, wenn ich traurig bin."
- "Ich bin ein Versager und wertlos, wenn ich abgelehnt werde."
- "Ich verdiene keine Liebe, wenn ich mich schäme."

Wenn Sie bereit sind, sie mit Neugier zu untersuchen, haben Sie auch die Möglichkeit, sie zu verändern.

> *"Bitte seien Sie geduldig mit allem in Ihrem Herzen, was noch ungelöst ist, und versuchen Sie, die Fragen selbst zu lieben, als wären sie verschlossene Räume und Bücher, die in einer sehr fremden Sprache geschrieben sind. Suchen Sie im Moment nicht nach Antworten, die Ihnen nicht gegeben werden können, da Sie nicht in der Lage wären, sie zu leben. Es geht darum, alles zu leben. Leben Sie jetzt die Fragen. Vielleicht werden Sie allmählich, ohne es zu merken, eines fernen Tages in die Antwort eintreten." -* **Rainer Maria**

♥ Verändern Sie Ihre ungesunden emotionalen Gewohnheiten.

Wenn Sie bereit sind, den Schmerz oder das Unwohlsein als real zu akzeptieren - "Ja, es tut weh! Ja, ich wurde verletzt!" - und Ihre Schlussfolgerungen und Bedeutungen in Frage stellen, besteht der nächste Schritt darin, die emotionale Energie zu transformieren und ungesunde emotionale Gewohnheiten zu verändern. Indem Sie sich auf das Unbehagen einlassen - die emotionale Energie selbst - schaffen Sie einen Raum (zum Atmen), in dem Sie die Möglichkeit haben, anders zu wählen.

Die verschiedenen Auswahlmöglichkeiten führen zu neuen Erfahrungen, die wiederum zu neuen, angemesseneren Gewohnheiten führen.

So heilen Sie Ihre Wunden und verwandeln Ihre emotionalen Ängste in emotionale Freiheit.

Von einer oder mehreren Emotionen überwältigt?

Wenn Ihr Leben stressig, unzufrieden, voller Sorgen und Zweifel ist, gibt es wahrscheinlich eine oder mehrere Emotionen, die Sie unterdrücken. Lesen Sie weiter, um herauszufinden, wie Sie mit jeder Emotion umgehen können - und die Veränderung erleben können, die stattfindet.

Ich erinnere mich an eine Frau, die mir gesagt hatte:
"Ich habe so viel Wut in mir. Selbst wenn ich nicht provoziert werde oder keinen anderen Grund habe, wütend zu sein, bin ich so wütend! Ich schaue mir die Leute an und muss zugeben, dass ich sie beurteile und mich grundlos über sie ärgere. Während eines großen Teils meines Lebens habe ich mich sehr, sehr wütend gefühlt."

Ich konnte in ihren Augen und ihrer Haltung sehen, dass Wut und Zorn wirklich die Kontrolle über ihr gesamtes System übernommen hatten.

Ich sagte ihr: *"Ich möchte mit deinem Zorn sprechen."*
Zu Beginn sah sie mich verwirrt an. Sie verstand nicht, was ich meinte, also wiederholte ich es.

Ich sagte: *"Ich möchte mit dem Teil von dir sprechen, der so wütend ist. Lass ihn jetzt sprechen. Sag mir, wie er das Leben erlebt, was er über andere denkt. Wie er die wichtigsten Menschen in deinem Leben schätzt."*

Sie sah mich entsetzt an und sagte: "Oh nein! Nicht das!"
"Ja, ja, ja", sagte ich. "Das ist genau das, was wir jetzt am meisten brauchen. Lass mich alles hören, was dein Zorn zu sagen hat. Im Moment sollte man ihn weder unterdrücken noch versuchen, ihn loszuwerden. Gib ihm den Raum, den er braucht.

Glücklicherweise war sie eine sehr mutige Frau. Weil sie es so satt hatte und es so viel Platz in ihrem Leben einnahm, war sie bereit, mit mir zu gehen. Und sie begann, im Zorn mit mir zu sprechen. Sie schüttete all ihre giftigen Gedanken und Ideen aus, alle Schlussfolgerungen, die ihr Geist aus ihrem Leben und den Menschen, die es ausmachten, gezogen hatte - viele von ihnen aus schwierigen Momenten ihrer Erziehung.

Ich spürte, dass es noch viel zu sagen gab, also hielt ich sie zurück und sagte: "Ja!" und "Sag mir mehr" und "Sag mir noch mehr, du musst unbedingt deinem Ärger Luft machen und alles loswerden, um dich leichter zu fühlen." Und sie war immer bereiter, ihren Zorn sprechen zu lassen. Von ihr kamen alle Urteile, Vorwürfe und Vorurteile. Dann, nachdem sie eine Weile so gesprochen hatte, begann eine sanftere Stimme aufzutauchen. Es war die Stimme, die ihren tiefen Schmerz und ihre Trauer widerspiegelte. Es war eine intimere und weniger zurückhaltende Stimme.

Sie brachte buchstäblich ihren Schmerz und ihr Leiden in Worte. Und als sie es tat, verstand ich, warum sie so gequält war. Sie hatte ihren Zorn so viele Jahre lang unterdrückt, dass er in ihr Unterbewusstsein eingesunken war, wie eine unterliegende Stimmung.

Die Emotionen, die Sie nicht ertragen können, werden zu Ihrer Qual. Wenn Ihr Leben Ihnen stressig, unzufrieden, voller Sorgen und Zweifel erscheint, fragen Sie sich:

- Was bin ich nicht bereit zu fühlen?
- Wogegen habe ich so viel Widerstand, dass ich einen Großteil meiner kostbaren Energie darauf verwende, dagegen anzukämpfen?
- Und wie beeinflusst das meine grundlegende innere Stimmung?

Für das Frauenbeispiel waren es Wut, Zorn und Trauer. Für andere sind es Ohnmacht und Frustration. Für wieder andere ist es Angst, Verzweiflung, Traurigkeit. Und für Sie kann es etwas ganz anderes sein.

Die meisten von uns haben eine oder mehrere Emotionen, mit denen wir nicht im Einklang sein können, die wir unterdrücken, vernachlässigen oder verdrängen. Doch das ist vergeblich, denn wenn Sie Emotionen begraben, begraben Sie sie lebendig. So brüten sie unter der Oberfläche, warten auf jede Gelegenheit, um an die Oberfläche zu kommen.

Emotionen sind Energie, und Energie ist immer in Bewegung.

Wenn Sie nicht bereit sind, die ursprüngliche Energie Ihrer Emotionen zu erleben, fließen sie weiterhin durch Ihr System, und Ihr Verstand wird viele Geschichten produzieren, die sie aufrechterhalten und verstärken.

Die wesentlichen Schritte zur Befreiung sind:

Einer der wichtigsten Schritte, wenn es darum geht, emotionale Energie zu transformieren und die Geschichten zu befreien, die die Emotionen zurückhalten, besteht einfach darin, den Mut und den Willen zu finden, wirklich zu erleben, was Sie fühlen, und aufzuhören, Ihre Emotionen zu ändern zu versuchen. Das kann schwer sein, denn wir haben gelernt, unsere Emotionen als gut oder schlecht, positiv oder negativ, akzeptabel oder inakzeptabel zu betrachten. Und wir verurteilen uns selbst für das, was auftaucht.

Ich lade Sie ein, sich Zeit zu nehmen, um einfach zu fühlen, was gefühlt werden muss, lassen Sie einfach jedes Gefühl aufsteigen, ohne zu versuchen, es zu vermeiden oder zu "reparieren"; lassen Sie einfach das auftauchen, was ist. Gehen Sie in Kontakt mit der Art und Weise, wie Sie es in Ihrem Körper erleben, wie Sie es erleben, wenn Sie nicht versuchen, es zu erklären oder abzulehnen. Erleben Sie einfach die ursprüngliche Energie des Gefühls. Sie können es in Ihrem Herzen, in Ihrem Solarplexus oder in Ihrem Magen spüren. Versuchen Sie, die Stellen in Ihrem Körper zu lokalisieren, an denen Sie sich verkrampfen - nicht nur dort, wo sich das Gefühl befindet, sondern in den Teilen Ihres Körpers, wo Sie sich steif fühlen. Das kann in Ihrem Nacken, Ihren Schultern oder Ihrem Rücken sein.

Dann bemerken Sie die Gedanken, die Ihr Geist produziert. Starke unangenehme Emotionen neigen dazu, Gedankenmuster zu erzeugen, die sich in bestimmten Mustern drehen. Und genau hier können Sie diesem unangenehmen und beunruhigenden Gefühl eine Stimme geben. Viele von uns zögern, dies zu tun, weil die eingesperrte Emotion oder Emotionen oft eine sehr schockierende Stimme haben können.

Es kann ziemlich gemein sein.

Eine solche Stimme ist etwas, das nur sehr wenige Menschen glauben wollen, dass sie in sich haben, aber um aus dieser blockierten Energie herauszukommen, ist es äußerst wichtig, dass wir uns erlauben, sie in ihrer Gesamtheit zu erleben. Es ist wichtig, dass wir alle Emotionen und Gedanken öffnen, um vollständig erfahren zu können, was da ist.

Indem Sie diesen Emotionen eine Stimme geben, werden alle Ihre Geschichten ans Tageslicht kommen. Wenn Sie es nicht tun, werden die Geschichten im Geheimen im Unterbewusstsein leben, und alle schmerzhaften Emotionen werden sich immer wiederholen.

Geben Sie zuerst dieser Emotion einen Namen und lassen Sie sie dann sprechen:

- ♦ Was denkt diese Emotion über Sie?
- ♦ Was denkt sie über andere, Ihre Freunde, Ihre Familie?
- ♦ Was hasst sie am meisten?
- ♦ Warum zeigt sie sich an einem bestimmten Tag?
- ♦ Was verbirgt sich darunter und muss befriedigt und anerkannt werden?

Lassen Sie das, was Sie stört, seine ganze Geschichte erzählen.

Wenn Sie das tun, dringen Sie zu den tiefen Schichten der Wahrheit in Ihren Gefühlen vor, und nur dort können Sie sie transformieren und befreien.

Fünf Möglichkeiten, sich selbst zu belügen:

Wenn wir uns selbst belügen, erfinden wir unzählige Masken, um uns zu verdecken, "Der Verführer", "Der Spaßmacher", "Der fröhliche Optimist"...

Laut Debbie Ford, einer Super-Entwicklungstrainerin, verstecken sich die meisten Menschen hinter einem falschen Ego, um Verletzungen, Scham und Angst zu kompensieren. Wir haben bis zu 20 Rollen, die wir spielen, wenn wir uns verstecken wollen. In ihrem neuen Buch *"When the Shadow Takes Over - How to Stop Being Your Own Worst Enemy,"* untersucht sie gnadenlos die vielen Rollen, die wir spielen, um unsere emotionalen Verletzungen nicht konfrontieren zu müssen. Entdecken Sie einige der wichtigsten Rollen und was sie uns bringen:

Der Verführer:

Er sucht nur eines, sich in seiner Haut wohler zu fühlen. Er fühlt sich nicht gut genug oder geliebt, es sei denn, er ist das Zentrum der Aufmerksamkeit einer anderen Person. Er wird als Räuber wahrgenommen, denn sein Ziel ist es, sich von der Selbstachtung anderer zu ernähren und so seine eigenen emotionalen Verletzungen zu lindern.

- **Die Scham des Verführers:** Er fühlt sich gewöhnlich, unattraktiv. Er hasst sich selbst, fühlt sich leer und glaubt nicht, dass er geliebt werden verdient.
- **Die Herausforderung des Verführers:** Erkenne, dass ihr Wunsch nach Aufmerksamkeit, Bewunderung und Zuneigung von anderen ein verzweifelter Schrei ihrer selbst ist, der diese Dinge braucht. Sie muss bereit sein, die Leere und Abstinenz zu spüren, die sie erlebt, wenn sie kein Objekt hat, das sie mit ihren Reizen stimulieren, unterhalten oder verführen muss.

Der Märtyrer: Er opfert sich für andere auf und arbeitet hart, um die Welt zu retten. Er trägt die Welt auf seinen Schultern, weil er denkt, dass alle anderen inkompetent oder völlig dumm sind... Das macht ihn überlegen fühlen.

- **Die Scham des Märtyrers:** Fühlt sich verantwortungslos, egozentrisch, außer Kontrolle, hilflos, wertlos und nutzlos.

- **Die Herausforderung des Märtyrers:** Die größte Herausforderung für den Märtyrer besteht darin zu erkennen, dass seine Motivationen nicht so selbstlos und edel sind, wie er glauben möchte. Für jede selbstlose Handlung erhält das verletzte Ego des Märtyrers Anerkennung, Bewunderung oder Mitgefühl von anderen als Belohnung. Indem sie ihre tiefen Bedürfnisse erkennen, die sie durch die Opferung für andere zu erfüllen versuchen (was im Grunde bedeutet, sich selbst zu erlauben, geliebt zu werden), können Märtyrer eine verantwortungsbewusstere Haltung einnehmen und darüber entscheiden, wie sie sich um andere kümmern und wie sie sich selbst pflegen.

Der ewige Optimist:

Die Person scheint in einem ständigen Zustand manischer Euphorie zu sein.

Sie ist immer zu lächelnd, zu begeistert und ein wenig zu beschäftigt, um Kontakt aufzunehmen. Für den ewigen Optimisten ist Glücklichsein ein Wettbewerbsfaktor. Die Person muss beweisen, dass sie die glücklichste, freundlichste und liebevollste in ihrem Umfeld ist. Für solche Personen reicht es nicht aus, freundlich zu sein. Sie müssen Sie durch ihr Verhalten überzeugen.

- **Die Scham des ewigen Optimisten:** Sie sind traurig und resigniert, pessimistisch. Sie fühlen sich verzweifelt, abgelehnt und hoffnungslos und haben nicht das Gefühl, geliebt zu werden.

- **Die Herausforderung des ewigen Optimisten:** Er muss lernen, dass das Leben nicht immer ein Zuckerschlecken ist. Es ist schwierig, bei einem "ewigen Optimisten" eine Öffnung zu schaffen, da viele Menschen Glücklichsein als die Goldmedaille des Lebens betrachten. Diese Menschen behaupten oft am entschiedensten, dass sie überhaupt keine Maske tragen. Das Wichtigste für den ewigen Optimisten ist zu lernen, er selbst zu sein, ohne Zuckerguss, und tief in seinem Inneren zu wissen, dass er geliebt, akzeptiert und angenommen wird, genau so, wie er ist. Er muss so still werden, dass er den Schmerz, die Unannehmlichkeiten oder das Unbehagen fühlen kann, die er hinter seinem falschen Übermut verbirgt.

Die Hochbegabten:

Wissen und Information sind sowohl das Stück als auch die Waffe der Hochbegabten. Diese Maske entsteht aus einer frühen Erfahrung des Dummseins, der Bedeutungslosigkeit und des Nicht-Gut-Genug-Seins. Sie fürchten schmerzhafte Emotionen und verstecken sich daher hinter einer dicken Schicht von Überlegenheit und Selbstzufriedenheit. Sie müssen nicht gut erzogen sein. Sie haben einfach die exquisite Fähigkeit, Informationen zu verarbeiten und zu verdauen. Sie nutzen ihre geistigen Fähigkeiten, um sich über andere zu erheben und diese effektiv zu manipulieren, wobei sie ihre Kollegen oft offen herablassend behandeln.

- **Die Scham der Hochbegabten:** Ich bin nicht gut genug und fühle mich minderwertig. Ich bin ängstlich, emotional behindert und dumm. Dummkopf.
- **Die Herausforderung der Hochbegabten:** Lassen Sie die sicherheitsbewusste Rationalität und die sauber strukturierte Festung hinter sich. Erlauben Sie sich, in die unberechenbare, chaotische, riskante und oft beängstigende Welt der Emotionen und des Herzens einzutreten. Indem sie ihren mentalen Rückzug verlassen und sich den Ideen und Gefühlen anderer öffnen, können diejenigen, die diese Maske tragen, beginnen, echtes Mitgefühl und Intimität zu entwickeln.

Der Spaßvogel:

Der Spaßvogel ist derjenige, der ernste, traurige oder unangenehme Situationen als erster herunterspielt. Obwohl er über einen authentischen und gut entwickelten Sinn für Humor verfügen kann, ist er nicht immer in der Lage, sich anzupassen.

Diejenigen, die diese Maske tragen, haben gelernt, Komödie als Abwehrmechanismus einzusetzen, und es ist zu einer automatischen Reaktion geworden, die sie nur wenig bewusst kontrollieren können. Besonders unbehaglich mit ihrer eigenen Sensibilität und verängstigt, dass Nähe dazu führen könnte, dass sie abgelehnt werden, sind Spaßvögel dazu gedrängt, fast alles zu sagen oder zu tun, um die Realität des Augenblicks abzulenken.

- **Die Scham des Spaßvogels:** unhöflich, langweilig, wertlos, anders, abgelehnt. Ich bin nichts Besonderes und völlig unauthentisch.
- **Die Herausforderung des Spaßvogels:** Zunächst muss der Spaßvogel verstehen, dass seine Maske ihm nicht wirklich die Liebe gibt, nach der er sucht, und dass sein tiefes Bedürfnis nach echtem Kontakt nicht erfüllt werden kann, solange seine Maske die Kontrolle hat. Er muss ein Maß an Vertrauen entwickeln, das ihm sagt, dass er gut genug ist, dass er es verdient, geliebt zu werden, ob er lustig und unterhaltsam ist oder nicht. Seine Herausforderung besteht darin, sich mehr auf das Zuhören als auf das Sprechen zu konzentrieren.

Die emotionalen Masken

Die meisten Menschen verbergen, wer sie wirklich sind. Dies geschieht in verschiedenen Umständen. Es ist sehr verbreitet, dass eine depressive Person optimistisch erscheint, eine ängstliche Person entspannt wirkt und so weiter. Ob sie ihre Schwächen nicht zeigen wollen, einen Status vortäuschen wollen oder Kritik vermeiden möchten, einige Menschen wählen es, ihre wahre Persönlichkeit hinter emotionalen Masken zu verstecken, um der Welt eine idealisierte Version von sich selbst zu präsentieren.

Die Millionen-Dollar-Frage lautet: Was sind emotionale Masken und warum fühlt sich der moderne Mensch verpflichtet, seine Persönlichkeit zu verbergen? Alles deutet darauf hin, dass soziale Stereotypen, die Angst vor der Bloßstellung und der Zustimmung anderer uns dazu veranlassen, Verhaltensweisen an den Tag zu legen, die nicht unserer Essenz, unseren Werten oder unserer Art zu sein entsprechen. Was wäre, wenn wir das Thema tiefer ergründen würden?

Was sind emotionale Masken?

Emotionale Masken sind eine Art Alter Ego, das Menschen erschaffen und nutzen, um ihre Ängste zu verbergen. Wenn Sie also eine unsichere Person sind, können Sie sich hinter der Maske eines Mörders verstecken. Wenn Sie glauben, dass die Welt Sie nicht mag, können Sie sich hinter einer Maske des Zorns verbergen.

Tatsache ist, dass diese Menschen die Schulden verbergen, die ihnen soziale Standards auferlegt haben, um Lebensstile aufrechtzuerhalten, die sie sich nicht leisten können. Sie tun also so, als ob alles in der Arbeit in Ordnung wäre, obwohl sie tatsächlich Gefahr laufen, ihren Job zu verlieren, oder sie tun so, als ob alles in ihrer Beziehung in Ordnung wäre, obwohl sie eine Krise durchmachen.

Warum tun sie das? Eine der häufigsten Gründe, warum sie Masken tragen, ist die Angst davor, dass die ganze Welt sie entdeckt. Sie versuchen also um jeden Preis zu beweisen, dass sie erfolgreiche Menschen sind, obwohl ihre Realität das Gegenteil zeigt.

Gründe, unsere Masken abzunehmen

Eine unserer größten Ängste ist, dass, wenn wir unser wahres Gesicht zeigen, die Welt sagen wird: "Oh, das bist nur du". Aber du selbst bist eigentlich das perfekteste Ding, das du sein kannst. Es gibt drei praktische Gründe, warum wir unsere emotionalen Masken ablegen sollten:

1. **Du überschattest dein wahres Potenzial.**

Wir müssen das, was wir sind, mit dem in Einklang bringen, was wir tun. Am Arbeitsplatz gibt es viele Menschen, die die gleichen Fähigkeiten haben wie wir, oder sogar besser. Aber keiner von ihnen bringt die gleiche Persönlichkeit, die gleiche Kreativität und den gleichen Geist wie wir mit. Das ist etwas, was nicht kopiert werden kann.

Die Ironie ist, dass wir diesen Teil von uns oft am Arbeitsplatz verbergen und unser größtes Potenzial verlieren, sei es unsere Ausstrahlung, unser Sinn für Humor, unser Engagement, unsere Fähigkeit, andere zu motivieren, usw.

2. **Es ist erschöpfend:**

Ein Leben zu führen, das nicht authentisch ist, ist erschöpfend. Sie setzen eine Maske auf, zwei, sogar zehn, dann nehmen Sie einige ab und setzen andere auf. Das ist wirklich erschöpfend! Und das Schlimmste ist, dass Sie anfangen zu vergessen, wer Sie wirklich sind.

Unser Rat? Lassen Sie die Welt Sie so kennenlernen, wie Sie sind, und nicht so, wie Sie denken, dass Sie sein sollten, denn früher oder später werden Sie vergessen, eine dieser Masken aufzusetzen, und werden sich nur selbst enttäuschen.

3. **Sie werden Ihre Ängste nicht überwinden können:**

Wenn wir emotionale Masken tragen, schneiden wir einen Teil von uns ab, den wir als inakzeptabel betrachten. In Beziehungen zum Beispiel können wir Verletzungen nur heilen, wenn wir uns vollkommen hingeben.

Ängste zu überwinden bedeutet, sich vollkommen hinzugeben, so zu handeln, wie man ist. Sie können nicht von jemandem verlangen, eine zerbrochene Vase zu reparieren, wenn Sie am Ende zwei oder drei der zerbrochenen Teile haben. Das Tragen von Masken macht das oberflächlich, was wirklich tief ist. Alles in unserem Leben wird betrügerisch sein, wenn wir wählen, uns hinter einem Alter Ego zu verstecken.

Wie kann man die Maske ablegen oder fallen lassen?

Wir werden nicht mit emotionalen Masken geboren, wir setzen sie auf. Daher können wir sie auch ablegen. Aber wie macht man das? Sie können mit dieser einfachen Übung beginnen:

- Denken Sie an eine negative Botschaft, an die Sie sich geklammert haben.
- Fragen Sie sich, ob es wahr ist. Es besteht eine gute Chance, dass die Antwort negativ ist. Wenn nicht, haben Sie ein Problem.

- Und wenn nicht, sollten Sie sich diese Fragen stellen: Warum habe ich diesen Gedanken? Was würde passieren, wenn ich ihn loslassen würde? Wahrscheinlich nichts.

Vergessen Sie nicht, dass das größte Risiko, dem wir gegenüberstehen, die Reaktion der Welt ist. Sich zu öffnen und zu zeigen, wer man ist, macht andere oft unsicher, aber diese Initiative wird sie dazu einladen, ihr eigenes Leben neu zu bewerten. Tatsächlich zwingt es sie oft zur Erkenntnis, dass auch sie die Macht zur Veränderung haben, diese jedoch nicht genutzt haben.
Lassen Sie sich davon nicht aufhalten. Ziehen Sie Ihre Maske nicht ab, nur weil die Welt Sie erschreckt und Sie gezwungen wird, sie wieder anzulegen. Denken Sie daran: Der größte Kampf, den wir als Menschen führen müssen, besteht darin, unsere wahre Identität zu schützen, und nicht die Version von uns selbst, von der die ganze Welt glaubt, dass sie die richtige ist.

Um unsere **emotionalen Masken** zu entfernen, müssen wir das überwinden, was in uns Angst erzeugt. Das Tragen dieser Masken fügt einfach eine Schicht der Trennung zwischen uns und anderen hinzu und kann uns davon abhalten, in unserer eigenen vollen Pracht zu leben.
Denken Sie an die Masken, die Sie tragen, und verpflichten Sie sich, sie abzulegen. Bieten Sie Ihre Stärken und "Schwächen" der Welt an, alles ohne Scham und ohne Reue.

SCHRITT 2: BEACHTUNG DER GEFÜHLE

Was Sie bei anderen sehen, spiegelt sich in Ihnen wider.

Ein Thema, das in meinen Kursen IMMER wieder auftaucht, ist, wie andere ein Spiegelbild von uns selbst sind. Und Sie haben wahrscheinlich Sätze gehört wie:

> ➢ Was Sie bei anderen sehen, spiegelt sich in Ihnen wider.
> ➢ Was du über andere sagst, gilt auch für dich selbst.

Obwohl diese Sätze eine große Wahrheit enthalten, handelt es sich dennoch um eine äußerst schwer zu schluckende Wahrheit. Es besteht kein Zweifel daran, dass dies für die meisten von uns einer der wichtigsten und schwierigsten Lernpunkte in unserer persönlichen Entwicklung ist. Sie können die Spiegelwahrheit als eine Art psychologisches Gesetz der Natur betrachten. Verstanden im Sinne, dass man bei anderen nur das sehen kann, was man selbst in sich trägt.

Als ich von diesem Naturgesetz erfuhr, hatte ich große Schwierigkeiten zu verstehen, wie es wahr sein konnte. Ich sah viele Dinge bei anderen, die ich in keiner Weise mit mir selbst in Verbindung bringen konnte. Nicht einmal, wenn ich völlig ehrlich war. Dinge, die auf der Oberfläche in direktem Widerspruch zu meinem eigenen Verhalten standen. Erst als ich gelernt habe, ein wenig tiefer zu gehen, habe ich die Wahrheit dieses Naturgesetzes wirklich verstanden und konnte es konstruktiv in meiner eigenen Entwicklung nutzen.

Ich liebe dieses Zitat des persischen Dichters und Sufi-Mystikers Rumi, das wunderbar beschreibt, um was es geht:
"Alle, die deinen Weg kreuzen, sind Spiegel, und sie sind in dein Leben getreten, weil du sie gerufen hast, um dir etwas zu zeigen; um dich zu lehren, mehr zu sein, wer du wirklich bist."

Wenn Sie sich entscheiden, persönliche Führung aus dem Herzen zu übernehmen, entscheiden Sie sich auch dafür, eine radikale Selbstverantwortung für jeden Teil von sich selbst zu übernehmen. Selbst die Teile, die Sie möglicherweise nicht mögen und die Sie vielleicht in die dunklen Ecken Ihrer Psyche verbannt haben.

Lassen Sie uns also etwas tiefer gehen und uns dies genauer ansehen.

Deshalb ist jeder, den Sie treffen, ein Spiegel.

Als Menschen sind wir sozial geboren, in Beziehung zu anderen, unter dem Blick der anderen. Wir leben in einer Gemeinschaft, was auch bedeutet, dass wir ständig in zwischenmenschlichen Beziehungen involviert sind. Alle zwischenmenschlichen Beziehungen finden in einem Kontext statt, sei es in der Familie, am Arbeitsplatz, im Freundeskreis, im Sportverein oder anderswo. Genauso wie verschiedene Menschen je nach der Beziehung, in der sie sich befinden, eine bestimmte Bedeutung haben, bekommt die Beziehung ihre spezielle Bedeutung aus dem Kontext, in dem sie stattfindet.

In Familien bestimmen intellektuelle und emotionale Bindungen zwischen den Menschen die Qualität und den Charakter der Beziehung. Die Bindungen, die wir dort erleben, haben einen enormen Einfluss auf unsere individuelle Entwicklung und unser Wohlbefinden. Die Familie ist die Hauptbasis, und daher findet hier die größte Formung der Beziehung der Individuen zu sich selbst und zu anderen statt. Aber es beschränkt sich nicht nur darauf.

Freundeskreise, Bildungsgemeinschaften und Arbeitsstätten sind in vielen Fällen ebenso wichtig für das Selbstwertgefühl, das Selbstverständnis und die soziale Kompetenz. Mit anderen Worten: *Wir sind keine einzigartigen Individuen, sondern miteinander verbundene Individuen (immer in Beziehung und Verbindung zu anderen).* Unser Bewusstsein, unsere Psyche, unsere Emotionen und unser Charakter werden ständig in Wechselwirkung mit anderen geprägt und entwickelt. Wie Karl Marx schon bemerkte, werden wir nicht als Philosophen mit einem Spiegel in der Hand geboren, durch den wir uns als Individuum entdecken. Wir spiegeln uns in den Augen des anderen und finden uns in ihm wieder.

Wie kann es Ihnen helfen, ein vollständiger Mensch zu werden, wenn Sie ein Spiegelbild für andere sind?

Als Kinder lernen wir schnell, auf welche Teile unserer Persönlichkeit andere positiv reagieren und auf welche negativ. Und welchen Teil von uns wir zeigen können und welchen nicht. Die Teile, auf die unsere Umgebung negativ reagiert, werden in einem dunklen Raum unseres Psyche versteckt. Sie werden zu Schattenanteilen, von denen wir uns zu distanzieren versuchen, indem wir sie unterdrücken und ablehnen. Dies hat jedoch langfristig fatale Folgen für uns. Wenn Sie bestimmte Teile von sich selbst unterdrücken und leugnen, entsteht ein gespaltener Geist. Ein gespaltener Geist ist auch ein verletzter Geist, der allmählich den Kontakt und die Verbindung zu seiner inneren Grundlage verliert.

Unsere Schattenanteile werden zu Persönlichkeitsmerkmalen, die wir normalerweise nicht mögen und mit denen wir uns nicht identifizieren möchten. Das bedeutet auch, dass wir, wenn wir sie bei anderen Menschen sehen, oft mit Kritik, Verurteilung und Verachtung reagieren. Daher, je bereitwilliger wir diese Wahrheit akzeptieren, desto gesünder und ganzer werden wir als Menschen. Konkret bedeutet dies, zu erkennen, dass wenn andere eine negative Reaktion in Ihnen auslösen, es etwas gibt, das Sie in sich selbst untersuchen und übernehmen müssen. Aus meiner Erfahrung heraus treten die verletzten Teile hervor, weil sie bereit sind, geheilt zu werden. ***Und die Menschen, die Sie am meisten nerven und am meisten Verachtung in Ihnen hervorrufen, sind auch einige Ihrer besten Lehrer.*** Wie Rumi schrieb, kommt jede Person, die wir im Leben treffen, um uns zu zeigen, wo wir als Menschen weiter wachsen und reifen können, indem wir von unseren inneren Reaktionen lernen.

Die Menschen, mit denen Sie interagieren, zeigen Ihnen, wer Sie sind, und ermöglichen es Ihnen schließlich, innerlich zu wachsen. Wenn Sie feststellen, dass eine Person oder eine Situation in Ihnen eine negative Reaktion auslöst, halten Sie an und stellen Sie sich die folgenden Fragen:

> - Was zeigt mir diese Person, dass ich lernen muss, um zu reifen und als Person mehr ganz zu werden?
> - Welche Emotionen ruft diese Person oder Situation in mir hervor, mit denen ich Schwierigkeiten habe?
> - Inwiefern urteile, kritisiere oder beschuldige ich auch die andere Person?
> - Welches Verhalten sehe ich bei der anderen Person, das ich in der Vergangenheit gezeigt habe oder zeige und nicht übernehmen wollte?
> - Aus welchem Teil von mir, selbst dem kleinsten, trifft dies ebenfalls zu?

Die letzte Frage, insbesondere, ist diejenige, bei der viele meiner Kunden viel Erfolg hatten, als sie sich mit einem schweren Feedback von einer anderen Person auseinandersetzen mussten. Diese Frage ist effektiv, da sie es uns ermöglicht, konstruktiv mit unseren Unterpersönlichkeiten (den Teilen unserer Persönlichkeit) zu arbeiten, ohne dass diese Teile die ganze Wahrheit über uns werden. Wenn wir die abgelehnten Teile der Mitgefühl und der universellen Liebe des Herzens willkommen heißen können, sind wir auch in der Lage, die Stärke und Qualität dieser Teile zu nutzen.

Wenn wir unsere Reaktionen, Entscheidungen und Überzeugungen überprüfen, können wir dann zur Arbeit der bedingungslosen Akzeptanz des Herzens übergehen und diesen Satz verwenden: "Es gibt einen Teil von mir, der..."

Zum Beispiel:

> "Es gibt einen Teil von mir, der nicht gut zuhören kann."
>
> "Es gibt einen Teil von mir, der dir nicht vertraut."
>
> "Es gibt einen Teil von mir, der in der Schuld steckt."
>
> "Es gibt einen Teil von mir, der kontrolliert werden muss."
>
> "Es gibt einen Teil von mir, der Recht haben muss."

Ich lade Sie ein, es das nächste Mal auszuprobieren, wenn jemand oder etwas eine negative Reaktion in Ihnen auslöst. Sie werden möglicherweise auch feststellen, dass es einfacher wird, unterdrückte oder verleugnete Teile Ihrer selbst zu übernehmen und zu integrieren. Und so werden Sie als Person mehr ganz.

Das Einbeziehen der Gedanken anderer verbessert auch Ihre Beziehungen im Allgemeinen. Wenn Sie sich daran gewöhnen, aus Ihren Beziehungen zu lernen, werden Sie schließlich feststellen, dass Sie die Persönlichkeitsmerkmale anderer beobachten und bemerken können, ohne sie zu beurteilen und ohne in Dramen hineingezogen zu werden.

Die effektivste Möglichkeit, sich von dramatischen Beziehungen und Interaktionen mit anderen Menschen zu befreien, besteht darin, an Ihrem eigenen Wachstum zu arbeiten. Sie können sich nur in dem Maße auf andere (und ihre Eigenheiten) einstellen, wie Sie sich selbst anpassen können. Und was Sie in sich nicht akzeptieren können, werden Sie zwangsläufig auf andere projizieren.

Sehr wichtig:

Es ist jedoch auch wichtig zu betonen, dass, wenn Sie sich in einer Beziehung mit jemandem befinden, der Sie misshandelt oder auf irgendeine Weise missbraucht, sollten Sie diese Beziehung unbedingt vermeiden oder stark einschränken. Danach, sobald Sie sich von dieser Person distanziert haben, können Sie mit der Heilungsarbeit beginnen und das Spiegelbild dieser Beziehung betrachten.

Und schließlich die gute Nachricht. Obwohl ich mich in diesem Kapitel hauptsächlich auf negatives Verhalten als Spiegelbild von Ihnen selbst konzentriert habe, gilt dies natürlich auch für positives Verhalten.

Die Qualitäten, die Sie an anderen bewundern, und die positiven Verhaltensweisen, die Sie bei ihnen beobachten, sind ebenfalls ein Spiegelbild von Ihnen selbst. Dies sind Qualitäten, die Sie in sich tragen und zu Ihrer eigenen Art, in der Welt zu sein, machen können.

Dies ist auch eine wichtige Lernerfahrung, die diejenigen, die Ihren Weg kreuzen, Ihnen helfen können zu erkennen.

Ausdruck und Beobachtung von Emotionen

Der Mangel an freiem Ausdruck der empfundenen Emotionen zwingt Menschen dazu, Masken zu tragen, die verbergen, was sie Angst haben, nach außen zu zeigen. Unterdrückte Emotionen neigen dazu, mit doppelter Intensität zurückzukehren und machtlos zu werden: "Ich kann meinen Emotionen nicht begegnen".

Die Unterdrückung von Emotionen ist die Ursache vieler psychologischer Störungen (oft sehr subtil), die sich in unseren täglichen Problemen manifestieren. Glücklicherweise gibt es eine Alternative, bei der Emotionen wie Wolken am blauen Himmel sind. Sie erscheinen und verschwinden, vollständig akzeptiert. Die Unterdrückung von empfundenen Emotionen ist eine Folge des gesellschaftlichen Glaubens, dass Emotionen schlecht sind. Dass man keine negativen Emotionen fühlen sollte. DASS MAN SIE KONTROLLIEREN MUSS!

Was ist die Wirkung davon? Einige Menschen unterdrücken ihre Emotionen so sehr, dass sie nicht einmal wissen, welche Emotionen sie fühlen. Sie wissen nicht, was sie gerade fühlen. Sie sind so hin- und hergerissen zwischen Gedanken über die Zukunft oder die Vergangenheit, dass sie sich nicht einmal die Mühe machen zu fragen: "Welche Emotionen habe ich gerade?"

Indem wir Emotionen unterdrücken, sammeln wir überschüssige Energie an, was nicht gut für unsere Gesundheit (Körper und Geist) ist. Eine Person, die sich ihrer eigenen emotionalen Zustände kaum bewusst ist, kann manchmal einen Flash haben wie: "Ich bin aber SCHLECHT!" oder "Ich bin vor der morgigen Prüfung furchtbar gestresst", aber das ist nichts anderes als ein kurzer Blick durch das Schlüsselloch des Raumes, in dem eine Fülle von Wissen und Informationen über sich selbst liegt. Solche Einsicht reicht nicht aus. Wir brauchen Bewusstsein, einen Einblick. Dies ermöglicht es uns, aufkommende Emotionen vollständig zu akzeptieren und ihre vorübergehende Präsenz anzuerkennen.

Erinnern Sie sich an das letzte Mal, als Sie Freude empfunden haben. Was haben Sie empfunden? Die meisten Menschen werden einfach "angenehm" sagen, und ihre Überlegungen werden enden. Eine so oberflächliche Betrachtung wird ihnen nicht helfen, diese Emotion zu verstehen und sich vollständig an dieses Gefühl zu erinnern. Stattdessen ist es besser, sich eine Weile auf diese Emotion zu konzentrieren. Denken Sie darüber nach, warum Sie dieses Gefühl hatten? Wann haben Sie angefangen, Freude zu empfinden? Wo ist dieses Gefühl in Ihrem Körper aufgetreten? Untersuchen Sie dieses Gefühl sehr sorgfältig.

Kürzlich stieß ich auf einen interessanten Vortrag von Eckhart Tolle[1], in dem er über die Beobachtung eigener Emotionen sprach. Er sagte, es reicht nicht aus, destruktive Emotionen auszudrücken. Wut schreien oder wie ein Biber weinen gibt Ihnen Energie, die in Ihnen ist, aber es heilt nicht die Ursache des Problems (natürlich können Sie diese Energie freisetzen, aber Sie können es auf verschiedene Weisen tun, zum Beispiel durch Joggen...). Wenn Sie sich ausruhen, kann die Emotion wieder auftauchen. Die von destruktiven Gedanken genährte Energie wird sich in destruktiven Emotionen manifestieren.

Daher schlägt Eckhart etwas anderes vor:

> *"Drücken Sie Ihre Emotionen aus und beobachten Sie gleichzeitig den Prozess."*

Der zweite Teil dieses Zitats ist entscheidend, da das bloße Ausdrücken Ihrer Emotionen möglicherweise nicht den gewünschten Effekt erzielt (Emotionen, die nicht beobachtet werden, werden einfach "erneuert"). Der Beobachtungsakt macht Sie sich bewusst, wie Ihre Gedanken Emotionen erzeugen, die Sie in Ihrem Körper spüren. Darüber hinaus ruft der Beobachtungsprozess das hervor, was als Depersonalisierung bezeichnet wird, das heißt, Sie hören auf, sich mit Ihren Emotionen zu identifizieren. Sie hören auf, sie als untrennbaren Teil Ihrer Existenz zu sehen, als einen Teil von Ihnen, und beginnen, sie als Wolken zu sehen, die am Himmel vorbeiziehen, getrennt von Ihrem Selbst.

Dies ist der Unterschied zwischen "Ich bin gestresst und wütend!!!" und "Ich fühle Stress und Wut".

Ich habe bemerkt, dass das Beobachten Ihrer eigenen Emotionen während des Ausdrucks ein unglaubliches Verständnis für Prozesse verleiht, von denen ich zuvor keine Ahnung hatte. Sie bemerken mehr, Sie verstehen mehr und akzeptieren daher mehr. Die Akzeptanz ist der erste Schritt im Prozess des Verstehens und der Kontrolle Ihrer Emotionen. Was bedeutet das? Es bedeutet, dass Sie Ihre emotionalen Zustände kontrollieren, anstatt sich von ihnen kontrollieren zu lassen. Dies ist eine Fähigkeit, die es Ihnen ermöglicht, in Ihre innere Welt einzutauchen und sich besser zu verstehen als je zuvor.

---

1 Eckhart Tolle, eigentlich Ulrich Leonard Tolle, geboren am 16. Februar 1948 in Lünen, ist ein deutschstämmiger kanadischer Schriftsteller und Vortragsredner, Autor der Bestseller "Die Kraft der Gegenwart" und "Eine neue Erde".

Und hier ist die Anleitung:

- Schließen Sie für einen Moment die Augen und richten Sie Ihre ganze Aufmerksamkeit nach innen.
- Konzentrieren Sie sich auf die Emotionen, die in Ihrem Inneren auftauchen.
- Beobachten Sie schweigend.
- Lassen Sie die Emotion in Ruhe, ohne Energie darauf zu verschwenden, sie unter den Teppich zu kehren (zu verbergen). Selbst wenn es unangenehm ist, akzeptieren Sie ihre Anwesenheit. So werden ihre Besuche in Ihrem Körper viel kürzer und weniger wahrnehmbar sein. Wie jede Wolke wird sie nach einer gewissen Zeit sanft davonziehen.

Wenn Sie Ihre Emotionen beobachten, vergessen Sie nicht, dies ohne Urteil zu tun. Legen Sie Ihre Überzeugungen über Gefühle wie Wut, Eifersucht, Stress oder Angst beiseite. Gehen Sie stattdessen davon aus, dass Sie die wahre Natur dieser emotionalen Zustände kennenlernen möchten. Es ist die reine Beobachtung, die Ihnen die wertvollsten, von Ihren mentalen Filtern unverfälschten Einblicke gibt (Überzeugungen, Vorurteile, Erfahrungen usw.). Und was Sie beobachten, notieren Sie sich. Die daraus resultierenden Schlussfolgerungen können oft sehr wichtig für Sie sein.

Wie man Wut ausdrückt und Konflikte vermeidet

Wut und Groll sind Emotionen, die die Macht haben, zu zerstören und zu schaffen. Ihre zerstörerische Natur zeigt sich, wenn wir unsere Gefühle unterdrücken. Wie also kann man Wut ausdrücken, damit sie anstatt zu explodieren, verwendet wird, um ein gesundes Verständnis mit anderen zu schaffen?

In unserer Gesellschaft ist es normal, Wut und Groll zu unterdrücken. Die nicht freigesetzte Energie sammelt sich dann in uns an und bricht früher oder später wie ein großer Vulkan aus.

Die Forschungen von Dr. Robert Levenson zeigen, dass das Unterdrücken des Ausdrucks von Emotionen nicht dazu beiträgt, die Intensität der empfundenen Emotionen zu verringern, sondern tatsächlich zu einer Zunahme der Aktivität des sympathischen Teils des Nervensystems führt. Dies führt zu einer Verringerung der Immunität und zu Gesundheitsproblemen. Unterdrückte Emotionen suchen immer nach einem Ausdruck.

Um das Funktionieren des Zorns zu verstehen, muss man zunächst den Unterschied zwischen dem Reiz und der Ursache verstehen. Jede Emotion ist das Ergebnis unseres Denkens. Die Ursache jedes emotionalen Zustands liegt in unseren Gedanken. Dies ist eines der Grundprinzipien der kognitiv-behavioralen Therapie. Das Verhalten der anderen Person, das uns nicht gefällt, ist also der Reiz, der die eigentliche Ursache auslöst (den Gedanken, der wieder in uns hochkommt).

Wenn Ihr Partner Sie lange Zeit nicht anruft, können Sie wütend werden und ihm die Schuld geben, Sie im Stich zu lassen. Wenn Sie jedoch über die eigentliche Ursache Ihres Zorns nachdenken, werden Sie feststellen, dass Sie einfach mehr Liebeszeichen von Ihrem Partner benötigen. Unbewusst haben Sie beschlossen, den Reiz (kein Anruf) als die Ursache zu behandeln. Dies ist eine Übertragung der Verantwortung auf die äußere Welt.

Wenn wir unseren Zorn ausdrücken, präsentieren wir in der Regel den Reiz als die Ursache unseres Zorns und machen die andere Person dafür verantwortlich. Indem wir ihr Verhalten ändern wollen, beschuldigen wir sie, etwas falsch gemacht zu haben, und dass sie es beim nächsten Mal anders machen sollte.

Was ist das Ergebnis?

Unser Gesprächspartner geht in die Defensive. Das ist eine normale Reaktion. Wenn es einen Angriff gibt, gibt es auch eine Verteidigung. Je stärker der Angriff ist, desto stärker ist die Verteidigungsreaktion. Wenn die andere Person sich verteidigt, ist sie nicht in der Lage zu verstehen, was Ihr eigentliches Problem ist. Ihre Priorität wird sein, die Anschuldigungen abzuwehren und den Konflikt zu lösen. Sie wird daher auch ihr Verhalten nicht ändern können, selbst wenn Sie gemeinsam schreien und brüllen, um ihr zu zeigen, wie sehr Sie sich um sie kümmern.

Der Hauptfehler, den wir machen, wenn wir wütend sind, besteht darin, die andere Person für das verantwortlich zu machen, was wir fühlen. Wir sind uns dann nicht bewusst, dass der Zorn tatsächlich von uns selbst spricht. Wir denken, der Reiz sei die Ursache. Und wir kennen die eigentliche Ursache überhaupt nicht.

Die Quelle des Zorns liegt immer in unseren Gedanken. Es geht um unsere Bedürfnisse, Erwartungen und Urteile. Wenn Sie Wut empfinden, bedeutet dies, dass einige Ihrer Bedürfnisse nicht erfüllt sind. Wenn Sie Schreien und Anschuldigungen als Mittel zur Äußerung dieser Emotion wählen, werden Sie statt einer Lösung einen unnötigen Konflikt haben, und Ihre Beziehung zur anderen Person wird darunter leiden.

Was also tun, wenn solch intensive Emotionen aufkommen?

Behandle den Zorn als ein Zeichen der Notlage. Wenn die Sirene heult, richte deine gesamte Aufmerksamkeit nach innen. Warum bin ich wütend? Was bringt mich so in Wut? Was fehlt mir, dass ich mich so fühle? Was brauche ich?

Natürlich ist es nicht einfach, ein solches Verständnis zu erlangen und Antworten auf diese Fragen zu finden, wenn wir von innen heraus von dem Drang verzehrt werden, unsere Wut auf eine andere Person zu entladen. Es ist jedoch wichtig, einen Moment innezuhalten, tief durchzuatmen und sich einige Augenblicke Zeit zu nehmen, um zu beobachten, was in dir vorgeht.

Wenn du die Kontrolle über dich selbst unter dem Einfluss deiner Emotionen verlierst, kann das Ausdrücken deines Zorns äußerst verlockend und auf gewisse Weise sogar angenehm sein. Manchmal muss man innerlich kämpfen, um darauf zu verzichten, aber wenn man es schafft, anzuhalten, den Raum oder die Wohnung zu verlassen, bevor der Zorn ausbricht, reichen anschließend einige Augenblicke und die richtigen Fragen an sich selbst, und die Emotion beginnt sich zu beruhigen.

Indem du an einer konstruktiven Nachricht arbeitest, kannst du mit dem Wunsch zurückkommen, die Dinge auf gesündere Weise zu besprechen und zu lösen.

Warum haben wir in unserem Wutanfall so sehr das Bedürfnis, dass die andere Person von uns mit einigen harten Worten angegriffen wird? Warum tut es uns gut, diesen Zorn auszuschütten und jemand anderen mental zu missbrauchen?

Ganz einfach, wir möchten, dass sie den Schmerz spürt, den wir glauben, dass sie uns zugefügt hat. Wir möchten, dass sie ihren Fehler zugibt und nachgibt. Wir möchten, dass sie endlich ihr Verhalten ändert. Das Problem ist, dass, wenn eine Person glaubt, etwas falsch gemacht zu haben, sie nicht einmal die Möglichkeit haben wird, mitfühlen zu können, wenn wir Schmerz empfinden. Denn sie wird all ihre Energie darauf verwenden, sich zu verteidigen.

Daher ist es sinnlos, andere zu beschuldigen und anzuklagen, wenn wir uns schlecht fühlen. Wenn wir das Problem konstruktiv lösen möchten, müssen wir dieser Person ermöglichen zu verstehen, was in uns vorgeht. Um Ihren Ärger angemessen auszudrücken, ist es ratsam, auf das Schuldzuweisen zu verzichten. Wenn Sie jemanden beschuldigen, hat die beschuldigte Person zwei Möglichkeiten. Entweder wird sie Ihre Worte ernst nehmen (was sie verzweifelt in Bezug auf sich selbst fühlen lässt und ihr Verhalten sowieso nicht ändern wird), oder sie wird sie zurückweisen (und ihr Verhalten ebenfalls nicht ändern).

Wenn Sie wirklich möchten, dass jemand sein Verhalten ändert, vergessen Sie nicht, dass er selbst das Bedürfnis dazu verspüren muss. Und er wird es NUR dann verspüren, wenn er nicht das Bedürfnis hat, sich zu verteidigen, und wenn Sie ihm ruhig und klar erklären, was Sie selbst empfinden und was Ihre Bedürfnisse sind.

In dem Buch "Gewaltfreie Kommunikation" von Marshall B. Rosenberg habe ich eine sehr einfache und effektive Möglichkeit gefunden, Wut auszudrücken. Es hat 4 Schritte und fasst zusammen, was Sie oben gelesen haben:

1. **Eine Pause machen.** Halten Sie einen Moment inne und atmen Sie tief durch. Legen Sie alle Anschuldigungen gegen die andere Person beiseite.
2. **Werden Sie sich der Gedanken bewusst, die Ihre Wut verursachen.** Welches Urteil ist in Ihren Kopf gekommen, das Sie sich so fühlen lässt, wie Sie sich fühlen?
3. **Verstehen Sie Ihre Bedürfnisse.** Sobald Sie den Gedanken kennen, der Ihre Wut verursacht, überlegen Sie, welches Bedürfnis diesem Gedanken zugrunde liegt. Was fehlt Ihnen genau?

4. **Kommunizieren Sie Ihre Bedürfnisse.** Verurteilen Sie nicht die andere Person. Sprechen Sie nur über Ihre Gefühle, die in Bezug auf das Verhalten dieser Person aufgetreten sind.

Wenn Sie Ihren Ärger auf gesunde Weise ausdrücken und ihn verwenden möchten, um Verständnis und eine bessere Beziehung zu schaffen, hören Sie auf, andere für Ihre Gefühle verantwortlich zu machen, und richten Sie das Bewusstsein auf Ihre Emotionen und Bedürfnisse.

Unsere Bedürfnisse bergen ein gewisses Paradoxon in sich: Sie sind die Dinge, die Konflikte verursachen, aber gleichzeitig sind es auch die Dinge, die wir in diesen Konflikten nicht ausdrücken. Kommunizieren Sie Ihre Bedürfnisse auf konstruktive Weise, um den Menschen zu ermöglichen, zu verstehen, was in Ihnen vorgeht. Dies wird ihnen helfen, ihr eigenes Verhalten entsprechend dem, was Ihnen wichtig ist, zu ändern.

Wie man seine Gefühle und Bedürfnisse ausdrückt

Über das Sprechen über unsere Anliegen zu sprechen, ist eine Fähigkeit, die zwei wesentliche Funktionen für unser Glück hat. Erstens ermöglicht es uns, die Emotionen freizusetzen, die wir in uns selbst gespeichert haben. Zweitens ermöglicht es uns, gesunde und authentische Beziehungen zu anderen aufzubauen. Wie also kann man sich bewusst, ehrlich und direkt ausdrücken?

Tief versteckte Gefühle.

Alle wunderbaren Dinge im Leben - Liebe, Freude, Leidenschaft und Träume - haben keinen Sinn, wenn wir sie mit niemandem teilen können. Es ist kein Zufall, dass wir, wenn wir sehr glücklich sind, das erste, was wir tun, ist, mit unseren Lieben darüber zu sprechen. Auf magische Weise verstärkt dies unsere Freude und macht sie noch greifbarer.

Leider sind wir nicht mehr so bereit, über unsere schwierigen Emotionen zu sprechen. Alles, was uns in einem schlechten Licht darstellen könnte, ziehen wir es vor, tief in uns selbst zu vergraben und es dort für immer zu belassen. Alles, was sich negativ auf unsere Beziehung zu einer anderen Person auswirken könnte, behalten wir lieber für uns. Wir filtern unsere eigenen Gefühle, Erfahrungen und Gedanken und wählen nur diejenigen aus, die für beide Seiten sicher und bequem sind.

Warum tun wir das?

Weil uns beigebracht wurde, schwierigen Emotionen auszuweichen und heikle Gespräche zu vermeiden. Uns wurde beigebracht, dass es "schlechte" und "gute" Emotionen gibt. Wie oft haben wir in unserer Kindheit Sätze gehört wie "Weine nicht", "Beruhige dich", "Sei brav"? Wir haben schnell gelernt, dass wir Emotionen wie Wut, Traurigkeit, Enttäuschung, Schuld nicht akzeptieren dürfen. Daher wissen wir nicht, wie wir damit umgehen sollen, und wir wissen nicht, wie wir uns verhalten sollen, wenn jemand in unserer Nähe solche Emotionen zeigt. Und da wir schwierige Emotionen nicht akzeptieren, wollen wir sie nicht nur vor uns selbst verbergen. Wir möchten auch nicht mit anderen darüber sprechen, weil wir Angst haben, dass sie das, was wir fühlen, ebenfalls nicht akzeptieren. Diese Angst hat oft eine sehr feste Grundlage. Ich selbst habe es schon oft erlebt, dass ich, wenn ich jemandem mitteile, was ich denke und fühle, überrascht oder kritisiert werde, anstatt verstanden zu werden.

Jeder hat ein großes Bedürfnis nach Zustimmung und Akzeptanz. Anderen zu zeigen, was wir in uns tragen, birgt das Risiko der Ablehnung, was selbst für die stärksten Menschen schmerzhaft ist.

Die Angst vor Ablehnung:

Die Frage ist, warum wir annehmen, dass wir abgelehnt werden.

Es ist niemals möglich, eine schwierige Emotion bei sich selbst zu akzeptieren, aber nicht bei anderen (oder umgekehrt). Wenn uns eine Emotion unwohl fühlen lässt, neigen wir dazu, jede Manifestation davon zu leugnen, egal wer sie ausdrückt. Wenn wir andererseits verstehen, dass Wut beispielsweise eine natürliche Reaktion auf bestimmte Umstände ist, und wenn wir wissen, wie man diese Wut bewusst und sicher ausdrückt, werden wir die Wut anderer genauso wahrnehmen.

Daher aktivieren wir oft unbewusst unsere eigenen Abwehrmechanismen, wenn wir Wut oder Traurigkeit bei unseren Lieben bemerken.

Unser Verhalten zeigt, dass wir solche Emotionen nicht akzeptieren und bevorzugen, dass die andere Person sie für sich behält. Wir tun alles in unserer Macht stehende, um sicherzustellen, dass die andere Person sofort aufhört, wütend zu sein, oder wir machen ihr klar, dass Traurigkeit in einer gegebenen Situation völlig nutzlos ist. Dabei sorgen wir dafür, dass die Person sich verschließt, da ihr nicht der nötige Raum gegeben wurde, um ihre Emotionen frei auszudrücken.

Es ist schwer zuzugeben, aber in der Vergangenheit habe ich oft die Emotionen meiner Angehörigen behindert. Wenn ich nicht verstand, wie man in einer bestimmten Situation traurig sein konnte, sagte ich das der anderen Person deutlich. Ich sah mich als "bewusstere Person", die besser wusste, was eine mögliche Quelle für Traurigkeit sein könnte und was nicht. Damals wusste ich noch nicht, dass ich die Verleugnung und die Verschiebung des Gefühls, das die Person in diesem Moment empfand, förderte.

Aber zurück zur zuvor gestellten Frage. Warum nehmen wir an, dass wir abgelehnt werden, wenn wir uns ausdrücken?

Erstens, weil es, wie ich gerade geschrieben habe, oft passiert ist. Zweitens, weil wir unsere eigenen Reaktionen auf andere projizieren. Da wir unsere eigenen schwierigen Gefühle verleugnen, erwarten wir eine ähnliche Reaktion von anderen, wenn wir darüber nachdenken, was in unserer eigenen Seele vorgeht. Wir gehen davon aus, dass wir nicht auf Akzeptanz und Verständnis für die "schwierigeren" Teile unserer Persönlichkeit zählen können, also versuchen wir nicht einmal, auszudrücken, was wir fühlen. Wir ersticken, was so verzweifelt nach außen drängen will.

Unbefriedigte Bedürfnisse:

Dies gilt auch für unsere Bedürfnisse und Wünsche. Viele von ihnen empfinden wir als "fehl am Platz" und fürchten, dass, wenn wir sie mit einer anderen Person besprechen, sie denken wird, dass mit uns etwas nicht stimmt.
Ein weiterer Grund, warum wir nicht teilen, was uns beschäftigt, ist, dass wir oft davon ausgehen, dass auch andere Schwierigkeiten haben, ihre Gefühle zu bewältigen. Wir haben also Angst, die andere Person zu verletzen. Wir denken, dass das, was wir sagen, für sie schwierig sein wird und dass wir ihnen Kummer und Leid bereiten werden.

Das kann zum Beispiel in einer Beziehung der Fall sein, in der die Partner viel Zeit miteinander verbringen. Eine Person kann mehr Raum für sich selbst benötigen (Zeit mit Freunden verbringen, alleine spazieren gehen). Sie könnte jedoch diese Bedürfnisse aus Angst vor Ablehnung nicht mitteilen. In diesem Fall kann die Unfähigkeit, diese Bedürfnisse auszudrücken, zu einer Situation führen, in der die Person, die mehr Freiheit für sich selbst sucht, diese Bedürfnisse leugnet, während sie gleichzeitig wachsende Frustration gegenüber ihrem Partner hegt. Der Partner wird diese Frustration auf unterschiedliche Weisen spüren (hauptsächlich durch nonverbale Botschaften), aber keine Ahnung haben, was sie verursacht. Dies kann zu vielen Konflikten und Missverständnissen führen.
All dies führt dazu, dass wir unsere Gefühle, Bedürfnisse und Wünsche in einem hermetisch verschlossenen Kasten irgendwo in den tiefsten Winkeln unseres Unterbewusstseins einschließen und unser Bestes tun, um sie dort zu halten. Leider hat dies ziemlich negative Auswirkungen, denn:

1. Unausgedrückte Gefühle sammeln sich in unserem Körper als aufgestaute Energie an und sind oft die Quelle für körperliche Beschwerden oder zerstörerische Wutausbrüche.

2. Mangelnde Kommunikation in einer Beziehung ist immer die Quelle unzähliger Missverständnisse, die zu Konflikten führen, die ohne zusätzliche Kommunikation das Ende der Beziehung bedeuten können.

So schaden unausgedrückte Gefühle und Bedürfnisse sowohl uns als auch unseren Beziehungen.

Äußerung:

Angesichts der gefährlichen Sprache, die die meisten von uns verwenden, voller Urteile, Vermutungen und falscher Interpretationen, sind die oben beschriebenen Bedenken durchaus berechtigt. Die "traditionelle" Kommunikation setzt uns tatsächlich der Ablehnung durch die andere Partei aus und erhöht das Risiko, die andere Person mit unseren Worten zu verletzen.

Manchmal reicht schon ein einziges wertendes Wort oder eine falsche Interpretation aus, um unbewusste Abwehrmechanismen bei unserem Gesprächspartner auszulösen und den Dialog in einen nutzlosen Ping-Pong-Ball und einen Kampf um die "richtige" Antwort zu verwandeln. Es ist also angebracht, sich an dieses sehr wahre Zitat zu erinnern:

> **"Das größte Problem in der Kommunikation ist die Illusion, dass sie stattgefunden hat."**
> - George Bernard Shaw

Die gute Nachricht ist, dass wir eine andere Sprache lernen können, die keinen Raum für das Urteilen über die andere Person lässt, sondern sich darauf konzentriert, unsere eigenen Gefühle und Erfahrungen zu beschreiben. Eine Sprache, die keine Interpretation zulässt und die die Abwehrmechanismen unseres Gesprächspartners nicht anregt.

Eine dieser Sprachen ist die gewaltfreie Kommunikationsmethode von Marshall Rosenberg. Es handelt sich um einen Satz von Prinzipien, die sich auf Gefühle und Bedürfnisse in der Kommunikation konzentrieren und die Möglichkeit psychologischer Gewalt (oft sehr subtil) in unserer Kommunikation eliminieren.

Wenn man Rosenbergs Arbeit genauer betrachtet, wird deutlich, dass es nicht nur darum geht, unsere Art zu kommunizieren zu ändern. Es handelt sich um eine andere Art, Emotionen und Bedürfnisse, sowohl unsere eigenen als auch die der anderen, zu betrachten.

Vor jeder Kommunikation konzentrieren wir uns zunächst auf die interne Kommunikation. Wir müssen verstehen, was wir selbst fühlen. Unsere inneren Erfahrungen akzeptieren und auf unsere Emotionen und Bedürfnisse hören. Erst wenn wir wissen, was wir denken, können wir uns vor der anderen Person richtig ausdrücken.

Die Formulierung einer Nachricht nach dem Modell der Gewaltfreien Kommunikation (GFK) umfasst vier Schritte:

1. Beobachtungen. Hier beginnen wir mit dem, was wir beobachtet haben. Es gibt keinen Platz für Vermutungen, Interpretationen, Kritik oder Urteile - wir teilen hier nur die trockenen Tatsachen mit, die wir beobachtet haben (anstatt zu sagen "Du hast wieder das Abendessen vergessen, das wir vereinbart haben, du kümmert dich überhaupt nicht um mich". Wir sagen "Du bist nicht zum Abendessen erschienen, das wir vereinbart hatten.").

2. Gefühle. Im zweiten Schritt sprechen wir über die spezifischen Gefühle, die in Bezug auf die zuvor gemachten Beobachtungen in uns aufgetaucht sind (anstatt bewertend zu sagen "Du bist hoffnungslos, du liebst mich nicht!", können wir sagen "Ich fühle mich enttäuscht und allein deswegen").

3. Bedürfnisse. Hier beschreiben wir ein Bedürfnis oder einen Wunsch, der nicht erfüllt wurde und das dieses Gefühl ausgelöst hat (zum Beispiel: "Ich brauche mehr Zeit mit dir zu verbringen").

4. Anfragen. Im letzten Schritt bitten wir die andere Person um eine konkrete Handlung, die unser Bedürfnis befriedigen könnte (zum Beispiel: "Ich bitte dich, pünktlich zu sein, wenn wir eine feste Verabredung haben"). Hierbei ist Vorsicht geboten, um das Risiko einer impliziten Bewertung zu vermeiden. Wenn wir sagen würden: "Ich bitte dich, die Versprechen, die du gemacht hast, mehr zu respektieren", würden wir eine implizite Bewertung senden - "Du hältst die Versprechen, die du gemacht hast, nicht ein".

Wenn man all dies zusammenfasst, könnte eine solche Nachricht wie folgt lauten:

"Du bist nicht zum Abendessen gekommen, das wir geplant hatten. Das lässt mich enttäuscht und allein fühlen. Ich brauche mehr Zeit mit dir. Ich bitte dich, pünktlich zu sein, wenn wir eine feste Verabredung haben."

Und hier ist ein weiteres Beispiel für eine auf diese Weise formulierte Nachricht:

"Du sprichst mit mir in einem lauten Ton und benutzt Worte, die mich respektlos fühlen lassen. Ich möchte, dass du mich mit mehr Respekt und Freundlichkeit behandelst. Ich bitte dich, das bei unserem nächsten Gespräch im Hinterkopf zu behalten."

Warum diese Art der Kommunikation so gut funktioniert,
Denn diese Art der Kommunikation regt die Abwehrmechanismen des anderen nicht an, die in Sekundenschnelle den Dialog in eine Schlammschlacht verwandeln können, die uns daran hindert, zum Kern des Konflikts vorzudringen.
Natürlich ist dies nur eine kleine Auswahl dessen, was das NVC-Modell leisten kann. Betrachten Sie es als eine kleine Inspiration, nicht als eine umfassende Beschreibung der Methode. Ich ermutige Sie nachdrücklich, das Buch "Gewaltfreie Kommunikation" von Marshall Rosenberg zu lesen, in dem er die "Sprache der Liebe" beschreibt und zahlreiche Beispiele für die praktische Anwendung gibt.

Die Kommunikation ist ein weites und faszinierendes Feld. Es reicht nicht aus, einfach die Nachricht gut zu übermitteln, und während wir uns bemühen, uns besser auszudrücken, ist es auch hilfreich, die Fähigkeiten zu erwerben, die unsere neue Art der Kommunikation unterstützen werden. Dazu gehört insbesondere die Fähigkeit,

- Trennung von Emotionen von Fakten und Interpretationen,
- Konstruktive Kommunikation während eines Konflikts,
- Kommunikation Ihrer Bedürfnisse und Stellung von Anfragen,
- Setzen Sie Ihre Grenzen und kommunizieren Sie sie auf eine bestimmte Weise,
- Notieren Sie die Rollen, die wir in einem Kontakt mit einer anderen Person übernehmen,
- Eintauchen in tiefere Beziehungsebenen,
- Feedback geben und Komplimente annehmen.

Was passiert, wenn wir unsere Gefühle und Bedürfnisse offen und direkt ausdrücken?

Zunächst einmal beginnen wir langsam, uns von der schweren Last zu befreien, die wir auf unseren Schultern getragen haben. Die Emotionen, die zuvor in den Tiefen unseres Unterbewusstseins verborgen waren, werden nun langsam "befreit", während gleichzeitig unser inneres Selbst sortiert wird. Zuerst bringen wir sie in unser eigenes Bewusstsein und kommunizieren sie dann mithilfe angemessener Sprache an andere Personen.

Auf diese Weise ermöglichen wir ihnen, uns zu verstehen. Dies hilft, unsere Beziehungen zu heilen und mehr Empathie und Verständnis in sie zu bringen. Dadurch vermeiden wir unnötige Konflikte und Missverständnisse. Wir ermöglichen es anderen, sich um unsere Bedürfnisse zu kümmern, und wir wissen, wie wir die Bedürfnisse der uns wichtigen und nahen Personen erfüllen können.

Die Kunst, sich frei auszudrücken, kann eine Quelle vieler positiver Veränderungen in Ihrer Welt der Beziehungen sein. Eine gewaltfreie und urteilsfreie Sprache zu erlernen, ist sicherlich nicht einfach. Ich lerne immer noch und empfinde große Zufriedenheit, wenn meine Bemühungen positive Auswirkungen auf meine Beziehungen haben.

SCHRITT 3: AKZEPTANZ:

Akzeptanz ermöglicht den Zugang zu all Ihren Ressourcen

Akzeptanz ermöglicht den Zugang zu all Ihren Ressourcen, und Unbehagen ist ein wichtiger Teil des Weges.

Wenn Sie mit einer schwer zu bewältigenden negativen Emotion konfrontiert sind, haben Sie 2 Möglichkeiten:

- Entweder akzeptieren Sie, diese Emotion vollständig zu fühlen und sie mit all dem Unbehagen zu erleben, den sie in Ihnen auslösen kann.
- Oder Sie leisten Widerstand gegen ihre Existenz und versuchen, sie daran zu hindern, sich auszudrücken und zu manifestieren... Entweder sind wir also in der Akzeptanz oder im Widerstand. Und aus dem Widerstand heraus kann keine nachhaltige Veränderung entstehen.

Die Verletzung ist da, ob Sie damit einverstanden sind oder nicht, dass sie existiert. Der erste Schritt besteht darin, diese Möglichkeit zu akzeptieren, um sie heilen zu können. Diese Form der Akzeptanz kann wie folgt erklärt werden: Die Fähigkeit, zu verstehen, sich anzupassen, zu fühlen und zu tolerieren, was ist - genau so, wie es ist. Das bedeutet auch die Fähigkeit, die Realität so zu sehen und mit ihr zu interagieren, ohne Verzerrung oder Illusion. Sie wird als ein bewusstes und nicht wertendes Gewahrsein erlebt, begleitet von einem physischen Gefühl von Offenheit und Expansion. Dies ist die Voraussetzung für dauerhaftes Reifen, Wachsen und Entwickeln aufgrund der Auswirkungen auf das Nervensystem und damit auf die Art und Weise, wie Energie im Körper und Geist zirkuliert. Die bedingungslose Akzeptanz der Emotion gibt Zugang zu all Ihren Ressourcen. Weil diese Art von Akzeptanz so grundlegend und wichtig ist. Sie öffnet Möglichkeiten, da sie einen inneren Raum schafft, der es Ihnen ermöglicht, mehr zu sehen, mehr wahrzunehmen und Ihre Perspektive zu erweitern. Dies bedeutet auch, dass sie Sie für Kreativität und Innovation öffnet. Sie ermöglicht Geduld, Vertrauen und Mitgefühl. Und das ist entscheidend für Ihre Fähigkeit, Liebe zu geben und zu empfangen.

Ein tieferer Zugang zu diesen Qualitäten und Ressourcen bringt Klarheit, Stärke und inneren Frieden, die Sie auf keine andere Weise erreichen können. Die Fähigkeit und die Macht, sich der Realität so zu stellen, wie sie ist, tatsächlich zu sehen, was wirklich passiert, und nicht automatisch und unbewusst zu reagieren, ist eine Praxis, die in den Weisheitstraditionen verwurzelt ist.

Die moderne Psychologie erkennt die Bedeutung dieser Fähigkeit und ich habe gesehen, dass sie sowohl als "Resilienz" als auch als "emotionale Intelligenz" bezeichnet wird. Allerdings finde ich auch, dass Akzeptanz als Konzept oft fälschlicherweise als Resignation, Aufgabe, Passivität oder sogar Selbstgefälligkeit missverstanden wird, was überhaupt nicht der Fall ist.

Ganz im Gegenteil! Deshalb ist es für mich auch wichtig zu betonen, dass, wenn Ihre Akzeptanz nur mental und vorgestellt ist, wie "ich muss das akzeptieren" oder "wenn ich das akzeptiere, wird es sich wahrscheinlich zum Besseren ändern", sie tatsächlich das gegenteilige Ergebnis haben wird.

Der Weg führt durch die Unannehmlichkeiten.

Es erfordert viel Willenskraft und Mut, alle Ihre Ressourcen zu öffnen. Es mag seltsam erscheinen, aber Ihre wahre Stärke und Macht befinden sich hinter Ihren Verteidigungen, hinter Ihrem Selbstschutz und Ihrem Widerstand gegen Unannehmlichkeiten. Daher ist es ein Akt großer Tapferkeit, die Fähigkeit zur Interaktion mit der Realität, so wie sie ist, auszuüben.

Der Mut besteht darin, sich selbst in die Augen zu schauen und es zu wagen, vollständig und ohne Abwehr bei allem, was Sie erleben, präsent zu sein. Und weil es tatsächlich unglaublich schwer ist (vor allem, wenn man es alleine, ohne Hilfe oder Unterstützung, tut), ist es auch eine seltene Kunst.

- Es ist eine Praxis, die erfordert, dass Sie bereit sind, Unannehmlichkeiten zu erleben, was bedeutet, dass es nicht darum geht, Ihre Probleme loszuwerden.
- Es geht nicht darum, "negative" Gefühle loszuwerden.
- Es geht nicht darum, unangenehmen Situationen auszuweichen.

Tatsächlich ist es genau das Gegenteil.

Je mehr Sie versuchen, etwas zu vermeiden oder loszuwerden, desto weiter entfernen Sie sich von dem, was Sie am meisten wollen. Die Vorstellung, dass Sie Unannehmlichkeiten fliehen oder vermeiden können, während Sie gleichzeitig das erreichen, was Sie am meisten wollen, ist ein Mythos. Dies ist der Fall, weil praktisch alles, was im Leben einen Sinn und einen Wert hat, erfordert, dass wir Unannehmlichkeiten auf die eine oder andere Weise erleben.

Zum Beispiel:

- Wenn Sie in Form sein und körperliche Gesundheit erreichen möchten, werden Sie unterwegs auf Unannehmlichkeiten stoßen.

- Wenn Sie eine tiefe Liebesbeziehung eingehen möchten, werden Sie unterwegs Unannehmlichkeiten erleben.
- Wenn Sie Kinder haben möchten, werden Sie im Prozess gewisse Unannehmlichkeiten verspüren.
- Wenn Sie sich beruflich weiterentwickeln, die Karriere wechseln oder ein neues Produkt entwickeln möchten, werden Sie zu einem Zeitpunkt oder einem anderen Unannehmlichkeiten erfahren.

All diese bedeutsamen und wertvollen Lebenserfahrungen sind von Unsicherheiten geprägt und mental und emotional herausfordernd, was an sich unangenehm ist. Und genau hier wird Ihre Schulung in bedingungsloser Akzeptanz negativer Emotionen zu Ihrem wichtigsten Verbündeten.

Wenn Ihre Akzeptanz vollständig ist, werden Sie in der Lage sein, eine gesunde Beziehung zu den schwierigen Aspekten des Lebens ernsthaft zu pflegen, um nicht mehr Sklave der Welt zu sein oder ständig mit jemandem oder etwas zu kämpfen.

Wie der amerikanische Psychologiepionier William Blakes vor über 100 Jahren geschrieben hat: ***"Seien Sie bereit, dass es so ist. Die Akzeptanz dessen, was geschehen ist, ist der erste Schritt, um die Folgen jedes Unglücks zu überwinden."***

Frage an Sie:
- In welchen Situationen sind Sie im Konflikt mit dem Leben, so wie es ist?
- Wann stresst du dich unnötig, weil du nicht bereit bist, dich selbst anzunehmen oder deine Lebenssituation zu akzeptieren?
- Wann empfindest du Frustration, Ärger oder Verzweiflung und wünschst dir, weit weg von dem zu sein, was gerade passiert?
- Und wie wäre es, das Leben genau so anzunehmen und zu akzeptieren, wie es in diesem Moment ist?

Das Trauma des Lebens als Weg zum Selbstvertrauen

Wenn Sie ein Trauma oder einen anderen negativen Einfluss in Ihrem Leben erlebt haben, machen Sie sich keine Sorgen, Sie sind nicht allein. Die meisten von uns haben eine Form von signifikantem Trauma, mit dem wir unser ganzes Leben umgehen müssen und den wir zu lösen versuchen. Ich wurde in der Grundschule gemobbt, habe Demütigungen und andere Traumata erlebt, und hat mich das daran gehindert, selbstbewusst und erfolgreich zu werden? Nein! Es hat vielleicht Zeit gebraucht, aber es war eine erstaunliche Transformation, voller Selbstentdeckung und neuer Erfahrungen, um weiter zu wachsen. Wir haben alle die Wahl, wie wir damit umgehen. Sie können sich selbst bemitleiden, das Opfer spielen, und Ihr Leben wird weiterhin in die Hölle abrutschen.

Oder können Sie einen anderen Weg einschlagen, der Sie zur Heilung und Freiheit führen wird. Ein Weg, um mehr Selbstvertrauen in Ihr Sein zu schaffen, sich auf allen Ebenen anzunehmen und Ihr ganzes Leben zu heilen. Hören Sie auf zu denken, dass Sie nicht liebenswert sind und sich mit anderen vergleichen. Seien Sie Sie selbst, und niemand kümmert sich um authentische Kopien. Niemand will Kopien, niemand wird für Kopien bezahlen. Die Menschen sind bereit, für das Original zu bezahlen. Werden Sie das Original!

Das Lebenstrauma als Weg zum Selbstvertrauen:
Wenn Sie weiterhin auf Ihre Verletzungen und das Gefühl konzentrieren, dass etwas in Ihrem Leben fehlt, wird es keinen Platz für Positives, Liebe, Selbstakzeptanz, Selbstvertrauen geben, und Sie werden in Ihrer Unzulänglichkeit verharren und letztendlich Ihre innere Identität zerstören. Wenn Sie nicht jeden Tag an Ihrem Selbstvertrauen arbeiten und fördern, öffnen Sie die Tür für Verletzungen und mangelndes Selbstvertrauen, die in Ihrem Geist wurzeln. Wenn Sie keine neue Wahrnehmung oder Denkweise in sich selbst schaffen, riskieren Sie, Ihr ganzes Leben lang zu glauben, dass Sie nie gut genug sein werden und dass das Leben nur ein langer Überlebenskampf ist, der Sie von der Wiege bis zum Grab mit sich zieht. Ist das wirklich das, was Sie wollen? Möchten Sie so leben? Ich glaube nicht, und deshalb haben Sie unten eine einzigartige Gelegenheit, die Ihr Leben verändern wird.

Warum verlieren wir unser Selbstvertrauen? :

Selbstvertrauen ist etwas, das man nicht kaufen kann, sondern erlangt. Wie es entsteht, wird von vielen Faktoren beeinflusst, darunter die Art und Weise, wie unsere Eltern uns behandelt haben, wie wir uns unter anderen Kindern gefunden haben und welche Überzeugungen wir über uns selbst haben. Sehen Sie, warum wir das Vertrauen verlieren.

1)   Glaube ich an Stereotypen?

Schon in jungen Jahren werden Mädchen zum Beispiel mit vielen stereotypen Überzeugungen konfrontiert, die sich dann im Erwachsenenalter in ihrer Denkweise ausdrücken. Hier sind einige davon:

- Sei nicht zu klug, denn Jungs mögen das nicht.
- Du musst mit jedem auskommen und tun, was sie von dir erwarten.
- Sei nett und höflich zu jedem, zu jeder Zeit.
- Versuche nicht neue Dinge - das kann gefährlich sein.
- Wenn du für dich selbst kämpfst, könntest du jemanden verletzen, also behalte deine Gedanken für dich.
- Immer gute Manieren haben
- Du solltest Konfrontation vermeiden und keine Aggressivität zeigen. Akzeptiere, was passiert, und mache das Beste aus dem, was du hast.
- Heirate einen reichen Mann. Persönlichkeit und Eignung sind sekundäre Fragen.

Wie viele dieser stereotypen Überzeugungen haben Sie in Ihrer Kindheit gehört und wie gut passen sie immer noch zu Ihnen?

Und als ob das nicht genug wäre, gibt es die Medienberieselung, die ihr Vertrauen und ihr Selbstwertgefühl jeden Tag ruiniert. Marketingbotschaften für Produkte, die wir in Anzeigen und Fernsehserien sehen. ***Wir sehen schöne Menschen, die nur glücklich sind, wenn sie das beworbene Produkt verwenden. Sie können auch so sein wie sie, indem Sie einfach Produkt X kaufen.***

Wenn Sie dieses schöne und charmante Mädchen in der Werbung sehen, möchten Sie ihr ähnlich sehen und das gleiche tun. Auf gewisse Weise sagen Ihnen Werbemeldungen auch, dass mit Ihnen etwas nicht stimmt. So bauen Sie das Gefühl auf, dass Sie neue Dinge kaufen müssen, um für die Menschen um Sie herum attraktiv zu sein. Dabei hängt Ihr Wert nicht davon ab, was Sie kaufen - Sie haben ihn in sich!

2) Welchen Einfluss haben meine Eltern auf mein Selbstwertgefühl?

Der Einfluss der Familie hat einen enormen Einfluss, besonders die der uns am nächsten stehenden Personen. Wir beobachten sie, hören ihnen zu und nehmen an, was sie sagen, als gegeben hin. Schließlich sind sie groß, klug und wissen es besser als jeder andere. Ein kluger Elternteil hebt die Talente seines Kindes hervor und entwickelt sein Selbstwertgefühl. Ein Elternteil, der dies nicht tut, oft ohne böse Absicht, richtet einfach Schaden an und nimmt uns das Selbstvertrauen. Welche Arten von elterlichem Verhalten zerstören das Selbstvertrauen eines Kindes? Hier sind einige Beispiele:

- Strenge Strafen für geringfügige Vergehen und einfache Fehler
- Schreien und Befehle erteilen
- Respektlose Interaktionen
- Unberücksichtigung von...
- Dir wird gesagt, dass du alles falsch machst und zu nichts gut bist.
- Hohe und unerreichbare Erwartungen
- Betonen, dass viel von Glück oder Pech abhängt, was dich immer hilfloser fühlen lässt.

Remember that these situations don't just happen in childhood. Even as an adult, your family can still impact your self-esteem, especially if you keep hearing the same messages. Fortunately, as an adult, you have a better chance of resisting and standing up for yourself in this situation.

What to do. Don't fall into the trap of blaming your parents for all your failures. Ultimately, YOU are the one who has real influence over what happens in your life. If you want to change something, that change needs to happen within YOU.

3) What are the beliefs I hold about myself?

Vergessen Sie nicht, dass diese Situationen nicht nur in der Kindheit auftreten. Selbst als Erwachsener kann Ihre Familie immer noch Einfluss auf Ihr Selbstwertgefühl haben. Besonders wenn Sie immer noch die gleichen Botschaften hören. Glücklicherweise haben Sie als Erwachsener bessere Chancen, sich gegen sie zu wehren und sich in dieser Situation zu behaupten.

Was zu tun ist. Gehen Sie nicht in die Falle, Ihre Eltern für all Ihre Misserfolge verantwortlich zu machen. Letztendlich haben SIE den wirklichen Einfluss darauf, was in Ihrem Leben passiert. Wenn Sie etwas ändern wollen, muss diese Veränderung in IHNEN stattfinden.

4) Welche Überzeugungen habe ich über mich selbst?

Die Stereotypen und negativen Botschaften, die wir von unseren Eltern hören, beeinflussen, wie wir uns selbst sehen und welche Überzeugungen wir über uns selbst haben. Diese wiederum lassen uns an uns selbst glauben und geben uns Vertrauen oder machen uns im Gegenteil depressiv, bringen uns auf den Boden und führen uns in die Falle eines selbst erfüllenden Prophezeiung, die uns beweist, dass wir wirklich so verzweifelt sind, wie wir denken.

Hier sind einige der häufigsten negativen Überzeugungen, die wir über uns selbst haben:

- Ich bin hoffnungslos
- Ich bin wertlos
- Ich kann es nicht tun.
- Ich kann nichts tun.
- Andere werden bemerken, dass ich nichts wert bin.
- Andere werden sich über mich lustig machen.
- Wenn ich das tue, werde ich sicherlich scheitern und mich schämen.

5) Wie sehr kümmert mich, was andere sagen?

Wenn wir eine schlechte Meinung von uns selbst haben, fallen wir leichter in eine weitere Falle, die uns Energie, Motivation und Elan raubt: Was werden die anderen sagen oder denken? Wir nehmen an, dass sie sicherlich etwas Schlechtes oder Beleidigendes denken oder sagen werden, dass sie sich über uns lustig machen werden. Allein daran zu denken, kann lähmend sein. Woher kommt das eigentlich? Wir können es aus dem Elternhaus, der Schule oder dem Spiel mit unseren Altersgenossen mitbringen. Wenn wir oft wegen unseres Aussehens, unserer Fähigkeiten oder unseres Verhaltens verleumdet wurden, werden wir immer tief im Inneren das Gefühl haben, beobachtet zu werden und dass jede unserer Handlungen eine Entschuldigung für andere ist, um uns zu kritisieren.

Welche Kommentare nehmen uns das Vertrauen?

- Wie siehst du aus? Schau dir Anna an, wie gut sie gekleidet ist.
- Aber du siehst aus wie ein Kartoffelsack. Wenn du nicht abnimmst, wirst du nie einen Ehemann finden!
- Wie kleiden Sie sich? Sie sehen aus wie das Kind von...
- Wie klug und höflich Marie ist, und du? Schau dich an.
- Wieder einmal wurde niemand zur Party eingeladen? Du musst zu hässlich sein.

6)   Habe ich Freunde um mich herum?

Das Selbstvertrauen, das wir sowohl in der Kindheit als auch im Erwachsenenalter entwickeln, wird auch von unseren Interaktionen mit Gleichaltrigen beeinflusst, wie die Anzahl der Freunde, die wir haben, die Unterstützung, die wir von ihnen erhalten, oder das Gefühl der Einsamkeit, wenn Freunde um uns herum knapp werden.

Haben Sie viele Freunde oder sind Sie eher einsam? Gehen Sie gerne mit Menschen aus oder bevorzugen Sie es, zu Hause zu bleiben? Wurden Sie als Kind von anderen Menschen schikaniert?
Früher waren es Spott und Schlägereien in der Schule. Heutzutage hat sich das Mobbing ins Internet verlagert. Leider verleiht es dem Täter oft ein Gefühl von Anonymität und Straffreiheit. Die Diskriminierung durch Gleichaltrige kann einen sehr ernsthaften Einfluss auf unsere Psyche haben und uns sogar im Erwachsenenalter beeinflussen.

SCHRITT 4: SELBSTVERTRAUEN

Das Selbstakzeptanz, der Schlüssel zum Selbstvertrauen.

Vertrauen als Emotion ist sehr flüchtig. Sie können jedoch lernen, so selbstbewusst zu sein, indem Sie in jeder Situation wirklich ruhig und entspannt sind. Der Schlüssel ist, sich selbst zu akzeptieren - vollständig, einschließlich der dunklen Szenarien, die Ihr Geist gerne erschafft. In diesem Kapitel werde ich Ihnen Mechanismen erklären, von denen Sie keine Ahnung hatten, und deren Kenntnis Ihnen die Fähigkeit verleiht, jede Unsicherheit loszulassen.

Sobald es da ist, sobald es nicht da ist ...
Vertrauen wird im Allgemeinen als eine spezifische Emotion definiert, die Sie das Gefühl haben lässt, dass Sie alles tun können und nichts Ihren Weg blockieren wird. Es muss jedoch beachtet werden, dass eine solche Emotion einfach flüchtig ist und dass Sie in einem Moment voller Mut sein können und im nächsten Moment kann alles von Ihnen schwinden. Daher werde ich über Selbstvertrauen aus einer etwas anderen Perspektive sprechen. Sie werden lernen, diesen Zustand auf einer viel tieferen und dauerhafteren Ebene zu erreichen.

Um anzufangen, möchte ich Ihnen einige der Mechanismen erklären, die im Geist ablaufen. Das erste wichtige, was Sie wissen müssen, ist, dass der Weg zum Selbstvertrauen nicht darin besteht, diese spezielle Emotion zu erzeugen. Sie können es sicher auf verschiedene Arten erreichen, aber es wird kein dauerhafter Zustand sein. Mangelndes Vertrauen ist tatsächlich ein Zustand, in dem Sie vor etwas Angst haben oder sich bedroht fühlen. Sobald Sie diese Angst oder das Gefühl der Bedrohung beseitigen, werden Sie automatisch völlig ruhig und entspannt sein. Und das ist das Vertrauen, das von selbst kommt - wenn Sie die negativen Emotionen loswerden. Ein solches Vertrauen ist viel dauerhafter als eine speziell erzeugte Emotion. Die Emotion ermöglicht es Ihnen, die Angst für eine gewisse Zeit zu überwinden, die ohnehin irgendwo vorhanden sein wird. Hingegen besteht der Schlüssel zu wahrer Ruhe und Zuversicht darin, sich selbst zu akzeptieren und diese Angst oder diesen Zweifel loszuwerden. Dann müssen Sie keinen emotionalen Zustand erzeugen. Das Vertrauen ist die ganze Zeit da. Wie im Theater, wenn der Vorhang fällt, wird etwas, das bereits vorhanden war, enthüllt.

Ein überbesorgter Geist.

Also, woher kommt der Mangel an Selbstvertrauen genau? Der Geist ist eine Kreatur, die Sicherheit liebt. Daher tut er alles, um sicherzustellen, dass Sie Gefahren vermeiden. Leider tut er in den meisten Fällen viel mehr, als notwendig ist. Um Sie vor einer ungünstigen Wendung der Ereignisse zu schützen, aktiviert er in vielen Lebenssituationen verschiedene Mechanismen. Mechanismen wie Angst, Stress, Schwierigkeiten, einer anderen Person zu vertrauen, negative Bilder in Ihrem Kopf und lähmende innere Dialoge. Deshalb wissen einige Menschen plötzlich nicht, was sie sagen sollen, wenn sie neue Leute treffen. Andere Male, wenn sie vor einer großen Menschenmenge auftreten müssen, verspüren sie plötzlich einen lähmenden Stress in ihrem ganzen Körper. Wenn sie kurz vor einer Prüfung stehen, fangen sie an, sich vorzustellen, was passieren wird, wenn sie versagen. Und wenn sie vor einer Herausforderung stehen, zählt die innere Stimme alle möglichen Ausreden auf.

Denken Sie einen Moment darüber nach, wie sich Ihr Mangel an Selbstvertrauen äußert. Fehlt es Ihnen wirklich? Oder stellen Sie sich in einer bestimmten Situation düstere Szenarien vor, sprechen Sie mit einer ängstlichen Stimme zu sich selbst, erfinden Sie hunderte Ausreden und denken Sie darüber nach, was schiefgehen könnte?

Eine Möglichkeit, diese Arten von Blockaden loszuwerden, besteht darin, die negativen inneren Dialoge zu ändern. Das Wichtige zu verstehen ist, dass die Absicht Ihres Geistes in diesem Stadium darin besteht, so positiv wie möglich zu sein. Indem er all diese Dinge hervorruft, die Ihr Selbstvertrauen beeinträchtigen, möchte der Geist Sie vor Bedrohungen schützen. In den meisten Situationen jedoch diagnostiziert er diese Bedrohungen falsch und schützt Sie viel zu stark. Völlig unnötig. Denn ist es wirklich so gefährlich, neue Leute zu treffen? Werden die Menschen vor Ihnen ein Ei aus Ihrer Tasche ziehen und es Ihnen gegen die Stirn schlagen, wenn Sie vor einer Gruppe von Menschen auftreten? Oder wird die Welt zusammenbrechen, wenn Sie die Prüfung nicht bestehen?

Es wäre alles in Ordnung, wenn diese allzu oft aktivierten Abwehrmechanismen viele Menschen nicht daran hindern würden, normal in dieser Welt zu funktionieren!

Akzeptanz:

Also, wie wird man diese los und gewinnt sein Vertrauen zurück? Akzeptieren Sie sich selbst. Einfach akzeptieren Sie sich selbst und all die Dinge, die Ihr Geist für Sie erschafft, um Sie vor Gefahr zu schützen. In dem Moment, in dem Sie eine echte Akzeptanz für all die dunklen Szenarien empfinden, die in Ihrem Kopf auftauchen, wird jeder Widerstand verschwinden. Als wäre es von Hand gemacht.

Akzeptanz im Kontext des Geistes bedeutet Sicherheit. Wenn Sie beispielsweise vollständig akzeptieren, dass das Publikum über Sie lacht, wenn Sie vor ihm sprechen, verschwindet die Bedrohung aus der Sicht des Geistes. Fehlende Akzeptanz ist die Quelle der Gefahr. Ihre Anwesenheit macht die potenzielle Gefahr inexistent. Und es handelt sich nicht um Selbstakzeptanz. Diese kommt automatisch, wenn Sie die negativen Szenarien akzeptieren, die in Ihrem Geist auftauchen.

Wie äußert sich diese Akzeptanz in der Praxis?
Es geht darum, alle negativen Konsequenzen, die von Ihrem eigenen Geist geschaffen wurden, ehrlich zu akzeptieren. Einfach gesagt: "Okay, wenn das passiert, verstehe ich das, ich akzeptiere es." Sie müssen wirklich spüren, dass Sie es akzeptieren, dass Sie keinen Widerstand mehr brauchen. Dass es passieren kann und dass es Sie in keiner Weise beeinflussen wird.

Das Verfahren ist also einfach. Wenn Ihr Geist eine negative Konsequenz Ihrer Handlungen oder einer bestimmten Situation erstellt, akzeptieren Sie diese. Dies gilt für alle Lebenssituationen. Menschen erstellen negative Szenarien in ihrem Geist, wenn sie andere Menschen treffen, wenn sie neue Menschen treffen müssen, wenn sie in der Öffentlichkeit sprechen, wenn sie ein Unternehmen gründen wollen, wenn sie für Prüfungen lernen, wenn sie in den Urlaub fahren, wenn sie mit jemandem ausgehen, wenn... Sie könnten so weitermachen. Diese negativen Szenarien, wenn sie nicht akzeptiert werden, sind ständige Quellen negativer Emotionen. Und diese Emotionen rauben Ihnen Ihre innere Ruhe und Ihr Selbstvertrauen. Akzeptieren Sie jedes negative Szenario, und Sie werden eine erstaunliche Veränderung feststellen, Sie werden lernen, sich selbst vollständig zu akzeptieren.

Vor einiger Zeit habe ich mit jemandem zusammengearbeitet, der Angst davor hatte, was andere Menschen von ihm denken könnten, wenn er mit ihnen spricht. Es fiel ihm daher sehr schwer, Beziehungen zu anderen Menschen aufzubauen, da Stress und Unsicherheit ihn daran hinderten, sich natürlich zu verhalten. Diese Angst wurde durch diesen bestimmten Gedanken ausgelöst, der während des Gesprächs aufkam: ***"Diese Person wird wahrscheinlich schlecht von mir denken"***. Sobald wir die negativen Konsequenzen identifiziert hatten, die entstehen könnten, wenn Menschen schlecht von ihm denken, und diese Konsequenzen akzeptiert hatten, verschwand jegliche Angst.

Der Sorgenbesieger :
Um Ihnen bei der praktischen Umsetzung dieses Konzepts zu helfen, schlage ich Ihnen eine äußerst effektive Übung vor. Diese Übung nennt sich "Der Sorgenbesieger", und das ist sie wirklich. Probieren Sie es selbst aus, denn die Auswirkungen sind sofort spürbar. Die gesamte Übung besteht aus den folgenden vier Schritten:

Erster Schritt : Beschreiben Sie auf einem Blatt Papier klar die Situation, die Sie stresst;
Zweiter Schritt : Identifizieren Sie das schlimmstmögliche Ergebnis/Szenario, das eintreten könnte.
Akzeptieren Sie dieses Ergebnis :
Handeln ist der erste Schritt, um den Schaden zu minimieren.

Es ist wichtig, die gewählte Situation auf einem Blatt Papier zu beschreiben. Dieser Schritt wird Ihnen bereits helfen, sich ein wenig besser zu fühlen. Bei Punkt zwei können Sie Ihrer Fantasie wirklich freien Lauf lassen. Finden Sie etwas, das wirklich das Schlimmste ist. Es sei der dunkelste mögliche Szenario, selbst wenn es sehr unwahrscheinlich ist. Stellen Sie sich dieses Szenario vor, um eine genaue Vorstellung davon zu bekommen. Sehen Sie, was passieren wird, wie Sie sich in dieser Situation verhalten werden, wie andere sich verhalten werden, wie Sie sich fühlen werden.

Der dritte Schritt ist der wichtigste. Konzentrieren Sie sich auf die Akzeptanz dieses Szenarios. Wenn das für Sie ein Problem darstellt, habe ich eine Lösung dafür. Denken Sie an eine spezifische Situation in Ihrem Leben, in der Sie etwas vollständig akzeptiert haben. Zum Beispiel könnte es vorgekommen sein, dass Sie mit einem Experten gesprochen haben, der viel kompetenter war als Sie, und dass Sie ihm aufmerksam zugehört und alles, was er gesagt hat, ohne Fragen zu stellen, akzeptiert haben. Stellen Sie sich jetzt diese bestimmte Erfahrung so genau wie möglich vor. Fühlen Sie intensiv das Gefühl der Akzeptanz, das aus dieser Erfahrung resultiert. Erst wenn Sie diese Emotion haben, beginnen Sie erneut, Ihr schlimmstes Szenario vorzustellen. Jetzt, mit dem Gefühl, das Sie gerade in sich hervorgerufen haben, akzeptieren Sie dieses Szenario vollständig und aufrichtig.

Der vierte Schritt ist optional. Er kann berücksichtigt werden oder nicht; das hängt weitgehend von der Art der Situation ab, an der Sie arbeiten.

Üben Sie diese Technik so oft wie möglich, und nach einer Weile werden Sie in der Lage sein, sie zu vergessen. Sie werden die Gewohnheit der Akzeptanz entwickeln und dies automatisch tun. Es wird Ihre Lebenseinstellung werden, und Sie müssen nicht einmal darüber nachdenken. Selbstvertrauen und Selbstakzeptanz werden in ihrer reinsten Form vorhanden sein.

Von Scham zur Selbstakzeptanz

Gefühle von Scham und Unwürdigkeit sind die Ursache für eines der zerstörerischsten Muster bei vielen Menschen, mit denen ich arbeite. Dies hat sowohl persönlich als auch beruflich erhebliche Auswirkungen.

Vielleicht kennen Sie auch das Gefühl, es persönlich zu nehmen, wenn Menschen Sie schlecht behandeln oder wenn Sie nicht die erwarteten Ergebnisse erzielen? Es persönlich zu nehmen bedeutet zu glauben, dass es etwas über Sie aussagt. Dass der negative Vorfall viel über Ihren Wert als Person oder Ihre (beruflichen) Fähigkeiten aussagt.

Ich sehe dieses Muster so oft, und es äußert sich in selbstzerstörerischer Selbstkritik und egozentrischer Aufmerksamkeit bei praktisch jedem negativen Vorfall. Das Problem ist, solange Sie sich persönlich angegriffen fühlen, wenn andere Sie nicht anerkennen oder wenn Sie nicht bekommen, was Sie wollen, stecken Sie im Zustand des verletzten Egos fest. Dies hindert Sie daran, kreativ und effektiv in der Welt zu handeln. Und Sie haben keine Möglichkeit, sich selbst oder andere aus dem Herzen heraus zu führen.

Deshalb nehmen wir es persönlich.

Wenn wir die Wurzel der Scham und der selbstzerstörerischen Selbstkritik betrachten, stammt diese Zurückhaltung und Selbstvorwurf von Erfahrungen, in denen Sie nicht gesehen und akzeptiert wurden, wie Sie sind.

- Vielleicht waren Sie als Kind schüchtern und ruhig, aber Ihre Eltern wollten, dass ihr Kind offener ist.
- Vielleicht haben Ihre Lehrer in der Schule erwartet, dass Sie in Büchern gut sind, aber Sie waren mehr an Kunst, Musik und Tanz interessiert.
- Vielleicht hat Ihre Begeisterung andere abgeschreckt, die dachten, dass Sie zu viel sind und lieber jemanden gesucht haben, der für sie weniger bedrohlich erscheint.
- Oder vielleicht...

Tatsache ist, dass wir sehr früh in unserem Leben (oft vor dem 10. Lebensjahr) Situationen und Momente erlebt haben, in denen wir uns unsicher, unsicher und ungeliebt gefühlt haben. Für das fragile Ego, das zu dieser Zeit kaum geformt war, war die Unsicherheit, nicht gesehen und akzeptiert zu werden, zutiefst schmerzhaft. Tatsächlich wurde es als eine Bedrohung für unser Überleben empfunden. Um diesem Schicksal zu entgehen und sich vor erneuten Verletzungen zu schützen, wurde das verletzte Ego geschaffen.

Kurz gesagt, das verletzte Ego ist eine Konstruktion des Geistes, das vor allem danach strebt, nicht aus der Herde ausgeschlossen zu werden, das Bedürfnis nach Fürsorge, Liebe und Anerkennung hat und in einem konstanten Zustand des "Nicht genug" lebt. Seine Hauptstrategien bestehen darin, Geschichten zu erzählen und Ereignisse über uns selbst und die Welt um uns herum zu interpretieren, um ein Gefühl von Sicherheit zu schaffen.

Da das Ego im Wesentlichen auf sich selbst ausgerichtet ist, sind die Geschichten, die es erzählt, auch seine eigenen Stars. In den meisten Fällen sind diese Geschichten und Interpretationen negativ geladen, da sie aus der Angst stammen. Und sie werden zu negativen und starren Überzeugungen, wenn sie oft genug wiederholt werden. Auf diese Weise nistet sich die Scham im Körper und im Geist ein.

Scham ist keine Emotion:

Scham ist vielleicht der schmerzhafteste innere Zustand, den wir erleben können. Dies liegt daran, dass er eine wesentliche Wahrheit leugnet: Unsere grundlegende Natur ist intrinsisch schön und gut.

Scham lässt unser Nervensystem erstarren und stoppen:

Diese Erfahrung der Unerwünschtheit ist so schmerzhaft und unangenehm, dass wir alles tun, um sie abzuwehren und loszuwerden. So landet das verletzte Ego im Unterbewusstsein, wo es uns unbewusst und automatisch beeinflusst, über das wir nur wenig Kontrolle haben. Vielleicht kennen Sie das verletzte Ego als die Stimme, die Ihnen sagt, dass Sie nicht gut genug sind und nicht gut genug handeln. Obwohl Scham oft aus Ereignissen in der Kindheit resultiert, hat das Verhalten des verletzten Egos immense Auswirkungen und Kosten im Erwachsenenleben - sowohl für Sie selbst als auch für die Menschen, mit denen Sie in Beziehung stehen.

Auf biologischer Ebene macht Scham die Kommunikation zwischen Herz und Gehirn inkohärent und disharmonisch, was Ihre körperliche und geistige Gesundheit beeinflusst. Sie schotten sich von Intimität ab und setzen sich selbst Grenzen, was es extrem schwierig macht, das zu tun, was Sie wirklich tun möchten.

Tipps, wie man es nicht persönlich nimmt:

Glücklicherweise gibt es mehrere Dinge, die Sie tun können, um dieses Muster zu verändern. Wenn andere Sie verletzend behandeln, können Sie üben, ihre Unfreundlichkeit als ein Symptom ihrer eigenen inneren Schmerzen, Spannungen und Probleme zu sehen.

In der taoistischen Tradition wird die Metapher eines leeren Bootes als eine "Lehrgeschichte" in diesem Zusammenhang verwendet.

Stellen Sie sich vor, Sie fahren auf einem Fluss und plötzlich stößt ein leeres, "verirrtes" Boot in der Mitte des Flusses gegen Ihr Boot. Während Sie wahrscheinlich nicht allzu aufgeregt über ein leeres Boot wären, würden Sie wahrscheinlich wütend sein, wenn jemand am Steuer wäre.

Die Idee der Metapher ist, dass Eltern, die dich nicht gesehen haben, andere Kinder, die dich als Kind verspottet haben, oder der Kollege, der dich gestern zu sehr gefüttert hat (übrigens), tatsächlich alles leere, "verirrte" Boote sind. Ihre eigenen unbewussten und unbehandelten Verletzungen haben sie zwanghaft dazu gebracht, so zu handeln, wie sie es getan haben.

Genau wie ein leeres Boot, das dich trifft, ist nicht gegen dich gerichtet, genauso werden Menschen, die böswillig handeln, von einer unbewussten Kraft aus ihren eigenen Verletzungen und inneren Schmerzen angetrieben.

Es geht nicht um dich. Es ist so wichtig, dass wir diese Tatsache erkennen und realisieren. Andernfalls werden wir in unserer Scham, selbstzerstörerischen Selbstkritik, unserer Vergangenheit, unseren Bedauern und unserem Opferidentität gefangen bleiben. All dies wird uns daran hindern, uns dem weitaus stärkeren Fluss des Lebens und der Liebe zu öffnen, der ständig in der Gegenwart fließt.

Von der Scham zur Selbstakzeptanz

Scham kann nur durch Liebe und Selbstakzeptanz transformiert werden. Sie müssen daher bereit sein, sich die Pflege, die Akzeptanz und die Liebe zu geben, die Sie von anderen erwarten. Wenn Sie dies tun, signalisieren Sie Ihrem Nervensystem: *"Ich schätze mich so sehr, dass ich bereit bin, mich selbst anzusehen. Ich bin wert genug, um bemerkt zu werden."* Dies löst den Prozess der Entsperrung der Überzeugungen der Unwürdigkeit auf einer tieferen Ebene des Nervensystems aus. Dies ist der erste Schritt, um sie loszulassen. Es ist wichtig zu beachten, dass dies nichts ist, von dem Sie überzeugt sein müssen.

Die Selbstakzeptanz, die die Scham transformieren wird, kann nur geschehen, wenn Sie bereit sind, sich so anzusehen, wie Sie sind, mit allem, was das bedeutet. Durch diese Begegnung können Sie die bedingungslose Güte und Schönheit erkennen, die in Ihnen wohnt. Dies ist Ihre wahre Natur und geht weit über das Konzept des "*guten Ichs*" und des "*schlechten Ichs*" Ihres verletzten Egos hinaus. Diese Begegnung ist in erster Linie eine körperliche Erfahrung und keine mentale Vorstellung.

Es ist auch wichtig zu betonen, dass diese "Heilung von Verletzungen" sehr schwer alleine durchzuführen ist, da das Einzige, was das verletzte Ego NICHT tun möchte, ist, seine Verletzungen anzusehen!
Sie werden daher wahrscheinlich liebevolle, verständnisvolle und geduldige Unterstützung benötigen.

Befreien Sie sich

Sich nicht persönlich angegriffen zu fühlen, wenn jemand Sie verletzt, wenn Sie nicht die erwarteten Ergebnisse erzielen oder wenn das Leben Ihnen Schmerzen zufügt, ist eine tiefe Übung in Mitgefühl - zuerst und vor allem für sich selbst. Es bringt einen Seufzer der Erleichterung mit sich, der es Ihnen dann ermöglicht, sich zu entspannen und einfach in den Momenten präsent zu sein, in denen Ihre erste Reaktion darin besteht, sich zu versteifen oder negativ über sich selbst zu denken. Auf diese Weise befreien Sie sich und sind nicht länger von der Zustimmung anderer abhängig oder sehen andere nicht mehr als Bedrohung.

Es wird einfacher sein, sich zu öffnen und andere mit dem Herzen zu sehen.
Wenn Sie nicht mehr nach Liebe, Anerkennung und Respekt von anderen suchen und Ihren Wert nicht mehr beweisen müssen, sind Sie frei, auf kreative und effektive Weise in der Welt zu handeln.
Sie werden ein besserer Künstler, Führer, Lehrer, Elternteil oder Schüler, weil Sie nicht mehr heimlich nach Akzeptanz und Würde durch Ihre Leistung streben.

Sie sind dann frei, das zu tun, was Sie tun, als kreatives Spiel und nicht als Form der Selbstermächtigung.

SCHRITT 5: Das innere Kind "hört" deine Emotionen

Welche Worte verwenden Sie, um mit sich selbst zu sprechen?

Unser inneres Kind ist der sensibelste, subtilste, kreativste und fröhlichste Teil von uns. Gequält und ohne Trost, kann es sich in der äußeren Welt nicht sicher fühlen. Je mehr Kontakt wir jedoch zu ihm haben, je stärker unsere Freundschaft zu ihm ist und je besser wir es verstehen, desto glücklicher sind wir. Unsere emotionale Intelligenz ist der Schlüssel, um unser inneres Kind zu verstehen und für es zu sorgen, damit es wachsen kann. Welche Bedeutung haben die Worte, die wir uns in unseren Gedanken oder laut sagen?

Emotionale Intelligenz ist die Fähigkeit, emotionale Reaktionen und Stress zu regulieren, Gefühle zu identifizieren, sie zu verbalisieren, ihre Ursachen zu verstehen, zu erkennen, was sie auslöst, und ihre tief vergrabenen Quellen zu erkennen. Dies bedeutet, in der Lage zu sein, Gefühle angemessen auszudrücken, um verstanden zu werden, ohne die andere Person zu verletzen. Es bedeutet, sich dessen bewusst zu sein, was in einem selbst und in anderen vor sich geht, und daher in der Lage zu sein, das Verhalten entsprechend anzupassen. Wir müssen unserem inneren Kind erlauben, sich zu entwickeln, indem wir ihm den Schlüssel zur emotionalen Intelligenz geben, eine Ressource für zwischenmenschliche Beziehungen, die auf Verständnis, Ausdruck, Umgang mit Emotionen und ihrer sinnvollen Nutzung basiert.

Die erste Herausforderung wird natürlich sein, zu lernen, Ihre Gefühle in Worte zu fassen. Es geht auch darum, ihre Bedeutung zu verstehen und die Worte richtig zu verwenden. Emotionen sprechen oft von der Kluft zwischen der Realität, wie sie ist, und wie wir möchten, dass sie ist.

> **Wut** zeigt zum Beispiel an, dass wir uns nicht respektiert fühlen, dass die Person, auf die sich diese Emotion richtet, eine Grenze überschritten hat.

> **Traurigkeit** ist oft mit einem Gefühl der Hilflosigkeit verbunden. Hilflosigkeit angesichts des Verlusts, wie in einer Trauersituation, oder Hilflosigkeit angesichts der Unfähigkeit, sich auszudrücken, verstanden zu werden oder einen Ausweg aus einer schwierigen, unangenehmen Situation zu finden.

- ➢ **Angst**, das Gefühl, bei dem wir uns normalerweise am unwohlsten fühlen, warnt uns immer vor Gefahr. Je stärker sie ist, desto tödlicher kann die Gefahr sein - in der Realität oder in unserer Vorstellung.

- ➢ **Schließlich die Freude -** entsteht ebenfalls aus der Kluft, diesmal zwischen einem "banal zufriedenstellenden" Leben und der einzigartigen Magie von Momenten, die uns überraschen und unsere Erwartungen übertreffen; wenn wir eine größere Freude empfinden, als wir uns hätten vorstellen können.

Diese Selbstkenntnis und die Schätze, die in uns verborgen sind, zu zähmen, ist wunderbar und... ansteckend. Zuerst erfasst sie Ihre Lieben, insbesondere Ihren Partner und Ihre Kinder, wenn Sie welche haben, aber auch andere Menschen, die in Ihrem Leben in der Nähe oder fern sind, selbst für nur einige Minuten. Oft beobachte ich Beziehungen, in denen einer der Partner, der bestrebt ist, sein Funktionieren zu verbessern, sich bereit erklärt, sich bei dem anderen zu entschuldigen und sein Bedauern über die Verletzung auszudrücken, wonach der andere, durch Modellierung im Laufe der Zeit, auch lernt zu sagen "Ich entschuldige mich wirklich", da er bereits verstanden hat, dass Entschuldigungen keineswegs eine Demütigung sind, sondern im Gegenteil Erleichterung und Verständnis bringen und emotionale Bindungen stärken. Wenn wir Fortschritte machen, berührt dies einen großen Kreis von Menschen um uns herum. Eine Veränderung der inneren Einstellung hat unzählige und schnell wahrnehmbare Auswirkungen auf die Dynamik unseres Lebens, insbesondere im Bereich zwischenmenschlicher Beziehungen.

Übung zur Veränderung des inneren Dialogs: Positive Affirmationen

Die Art und Weise, wie wir mit uns selbst sprechen, kann einen radikalen Einfluss auf die Stärkung unseres inneren Kindes haben und uns dazu bringen, ihm liebevolle Aufmerksamkeit zu schenken. Indem wir einige der üblicherweise auf uns selbst angewandten sprachlichen Muster ändern, können wir die Wunden der Kindheit dauerhaft heilen.

Negativen Botschaften, die im inneren Dialog typisch sind und manchmal auch nach der Kindheit überleben und vom inneren Kind übernommen werden, können positive Botschaften entgegengesetzt werden:

- ➢ "Ich bin überflüssig hier, ich stehe im Weg". # "Ich habe ein unbestreitbares Recht, hier zu sein",

- ➢ "Ich bin wertlos" # "Ich bin etwas" # "Ich kann nützlich sein und hier sollte ich sein",
- ➢ "Ich bin unerträglich, niemand möchte bei mir sein" # "Ich bin gut mit mir selbst",
- ➢ "Ich bin nichts" # "Ich habe Fähigkeiten und kreatives Potenzial,"

- ➢ "Ich bin nichts" # "Ich habe Fähigkeiten und kreatives Potenzial",
- ➢ "Ich werde nie zu etwas kommen" # "Ich gebe mein Bestes",
- ➢ Ich träume ständig von blauen Mandeln", # "Ich habe die Fähigkeit und das kreative Potenzial". # "Ich habe das Recht zu träumen",

- ➢ "Ich mache alles zu langsam # "Ich mache alles in meinem eigenen Tempo" ◊ "Ich schäme mich für mich selbst
- ➢ "Ich schäme mich für mich selbst # "Ich liebe mich so, wie ich bin, ich kümmere mich um meine Sensibilität" # "Ich bin unerträglich und unverbesserlich" # "Ich gebe mir Liebe",
- ➢ "Und was wird jetzt mit mir passieren?" # "Ich glaube an mich und weiß, was gut für mich ist",

- ➢ "Ich erzähle dumme Geschichten" # "Meine Meinung hat Wert und ist interessant",
- ➢ "Ich habe schon wieder einen Fehler gemacht!" # "Ich habe das Recht, Fehler zu machen",
- ➢ "Was für ein Verlierer ich bin!" # "Ich bin kostbar und wichtig".

Basierend auf diesen Beispielen können Sie daran arbeiten, Ihre "emotionale Grammatik" zu ändern. Sobald Sie eine innere Kritik oder sogar belästigende Selbstansprache bemerken, notieren Sie sie sofort. Gehen Sie dann die Liste des Tages oder der Woche durch und nehmen Sie sich Zeit, um jeden Satz in eine freundliche Bemerkung umzuformulieren.

Die Arbeit mit Ihrem inneren Kind ist eine der effektivsten Möglichkeiten zur Heilung.

Emotionale Intelligenz

"Erfolg im Leben hängt nicht nur vom Intellekt ab, sondern auch von der Fähigkeit, Emotionen zu bewältigen" - so steht es auf dem Cover des weltbekannten Buches von Daniel Goleman, "Emotionale Intelligenz".
Das oben zitierte Statement ist äußerst wahr, und deshalb möchte ich Ihnen mein Verständnis dieses Konzepts der emotionalen Intelligenz mitteilen, das in den letzten Jahren populär geworden ist.

Logisches Denken und emotionales Denken

In diesem Kapitel werden Sie die beiden meiner Meinung nach wichtigsten Säulen der emotionalen Intelligenz entdecken. Ihre Beherrschung wird Ihnen eine große emotionale Weisheit verleihen - Sie werden lernen, sich selbst aus einer Perspektive zu verstehen, die Ihnen zuvor nicht bekannt war. Dies ist der Schlüssel, um Beziehungen zu anderen Menschen aufzubauen und Sie auf dem Weg zur Verwirklichung großer Ziele zu führen.

Bei einem kürzlich durchgeführten Training mit dem Titel "Emotionale Intelligenz" wurde mir klar, wie wichtig die Emotionen der Menschen sind. Schließlich sind sie so fest in unser Leben integriert, dass wir ohne sie nicht funktionieren könnten. Selbst wenn Sie es nicht bewusst sind, befinden Sie sich die meiste Zeit in einem emotionalen Zustand. Es besteht eine gute Chance, dass Sie gerade ein Gefühl der Neugier auf das haben, was Sie gleich lernen werden :) Das ist gut so - denn das Wissen über emotionale Intelligenz, das hier vermittelt wird, ist ein wertvoller Teil der Entwicklung.

Kennen Sie diese weit verbreitete, überall gepflegte Trennung zwischen logischem Denken und emotionalem Denken? Tatsächlich gibt es reines und rationales Denken nicht. Es wurde schon vor langer Zeit wissenschaftlich nachgewiesen (meistens in schweren Fällen von Schädigungen in den Gehirnbereichen, die für Emotionen verantwortlich sind), dass eine Person ohne Emotionen nicht in der Lage ist, mit dem Leben umzugehen. Sie kann nicht einmal die einfachsten Entscheidungen treffen, wie zum Beispiel die Wahl zwischen einem Brötchen und einer Scheibe Brot zum Frühstück!

Entwicklung emotionaler Intelligenz.

Leider lernen wir in der Schule nicht, unsere Emotionen zu erkennen und zu kontrollieren, wodurch sehr viele Menschen auf der Welt genau das Gegenteil tun. Kurz gesagt, wir lernen nicht emotionale Intelligenz. Ihre Emotionen sind so stark, dass ihr ganzes Leben von der Kontrolle über ihre Emotionen abhängt. Und die Unfähigkeit, mit Leid, Konflikten, Wut und anderen unangenehmen Gefühlen umzugehen, hindert sie nicht nur daran, im Leben erfolgreich zu sein, sondern raubt ihnen auch jegliche Freude an jedem Tag. ***Das treibt sie dazu, nach ein wenig Trost in Alkohol, Drogen... einer Substanz zu suchen, die ihnen hilft, vor dem Schmerz dieser negativen Emotionen zu fliehen.*** Und das geschieht automatisch und ohne dass sie es bemerken.

Es sei daran erinnert, dass die Aufteilung zwischen "guten" und "schlechten" Emotionen künstlich ist, da jede von ihnen wertvolle Informationen in unser Leben bringt. Es kommt darauf an, ob wir unsere emotionale Intelligenz richtig handhaben können.

Menschen, denen beigebracht wurde, dass das Ausdrücken von Wut schlecht ist, leiden sehr darunter. Sie akzeptieren nicht das Vorhandensein dieser Emotion in sich. Was verlieren sie, wenn sie so handeln? Wertvolle Hinweise auf ihre eigenen Grenzen und die Möglichkeit, sich um ihre Bedürfnisse zu kümmern.

Wir können unsere Emotionen nicht einfach wegwerfen. Wenn wir sie nicht bewusst fühlen und weise ausdrücken, werden sie von selbst einen Ausweg finden. Und deshalb lohnt es sich, in emotionale Intelligenz zu investieren. Ich selbst war früher nicht in der Lage, mit verschiedenen starken Emotionen umzugehen, die von Zeit zu Zeit auftraten. Doch durch die Arbeit auf die Weise, die ich unten beschreiben werde, gelang es mir, die Rollen umzukehren - und jetzt kontrolliere ich meine Emotionen und nicht umgekehrt.

Es gibt eine Sache, die Sie wissen müssen: Sie können volle Kontrolle über Ihre Emotionen haben. Die emotionale Intelligenz ermöglicht es Ihnen. Beruhigen Sie Unannehmlichkeiten, wenn Sie müssen, verstärken Sie die positiven Aspekte, wenn Sie möchten. Jederzeit in Ihrem Leben können Sie sich genau so fühlen, wie Sie es möchten. Und das wird Sie zu einem erfüllten Leben führen, in dem das Schaffen von dauerhaften Beziehungen und das Annehmen neuer Herausforderungen mit Aufregung und Freude einhergehen, anstatt mit Angst und Stress.

Das folgende Modell darüber, wie man emotional intelligent ist, basiert teilweise auf dem, was in Daniel Golemans Buch zu finden ist, aber hauptsächlich auf meiner Erfahrung im Umgang mit Emotionen. Natürlich gilt alles, was folgt, sowohl für negative als auch für positive Emotionen. Im Rahmen der Entwicklung emotionaler Intelligenz möchten Sie neben der Fähigkeit, unangenehme Emotionen zu kontrollieren, auch lernen, starke und reichhaltige emotionale Zustände wie Motivation, Freude oder Vertrauen zu erzeugen.

Seien Sie sich Ihrer Emotionen bewusst.

Die absolute Grundlage für jegliche Arbeit an Emotionen. Die meisten Menschen sind sich nicht einmal bewusst, welcher Emotion sie in ihrem Körper erleben. In einigen Fällen, selbst wenn sie sich der Emotion bewusst sind, kommt dieses Wissen erst, nachdem die Emotion lange Zeit präsent war.

Ihr Ziel sollte es jedoch sein, in eine Situation zu gelangen, in der die Zeit zwischen dem Auftreten der Emotion und dem Gedanken "Oh, ich fühle gerade Wut! Ja, das ist Wut!" so kurz wie möglich ist. Je früher Sie sich bewusst werden, dass eine Emotion aufgetaucht ist, desto besser können Sie sie kontrollieren. Tatsächlich führt allein die Erkenntnis einer Emotion dazu, dass Sie sich in gewisser Weise davon abkoppeln und sich auf einer höheren Ebene befinden. Das Bewusstsein für eine Emotion leitet den Prozess ihrer Auflösung ein.

Üben Sie diese Bewusstseinsbildung, indem Sie Ihren Körper aufmerksam beobachten und sich jeder Emotion bewusst werden, die sich darin manifestiert. Dies ist ein sehr wichtiger Schritt bei der Entwicklung der emotionalen Intelligenz.

Emotionale Intelligenz in der Praxis.

Emotionen zu kennen, bedeutet, Antworten auf die folgenden vier Fragen zu erhalten:

1. Woher kommen sie? Das bedeutet, was passiert in Ihrem Kopf kurz bevor die Emotion auftritt? Welcher Gedanke löst dieses Gefühl aus? Jedes Mal, wenn Sie sich einer Emotion bewusst werden, überlegen Sie, was sie verursacht hat. Welcher Glaube oder Gedanke hat kurz davor in Ihrem Kopf widergehallt? Wenn Sie sich an keinen Gedanken erinnern, fragen Sie sich einfach "Warum fühle ich mich so?" Und warum, anstatt sich dieser Emotion (Angst, Stress, Wut, mangelndes Selbstvertrauen usw.) zu stellen, sie zu spüren, zu erleben und vor allem zu bewältigen, ziehe ich es vor, ihr durch Drogenkonsum, Alkoholkonsum usw. auszuweichen...

Indem Sie die Ursache herausfinden, erhalten Sie sehr wichtige Informationen. Jetzt wissen Sie, welche Art von Gedanke diesen emotionalen Zustand auslöst und keinen anderen. Dies ist die erste der entwickelten emotionalen Intelligenzkomponenten.

2. Wo und wann beginnen sie? Jede Emotion hat ihren Platz in Ihrem Körper. Es ist interessant festzustellen, dass jeder Emotionen auf unterschiedliche Weise ähnlich empfindet. Oft habe ich bei Einzelcoachings oder Schulungen festgestellt, dass eine Person Stress als Kloss im Hals und eine andere als Seile in den Beinen empfindet. Wenn eine Emotion aufkommt, schließen Sie die Augen und denken Sie an die Stelle in Ihrem Körper, von der sie kommt. Finden Sie heraus, wie sie entsteht - handelt es sich um eine plötzliche Explosion oder eine langsame Geburt?

3. Wie verlaufen sie und wie intensiv sind sie? Immer mit geschlossenen Augen erkunden Sie, wie eine bestimmte Emotion sich in Ihrem Körper ausbreitet. In welche Richtung breitet sie sich aus? Auf welche Weise geschieht dies? Um Ihnen die Aufgabe zu erleichtern, können Sie sich in Ihrer Vorstellung ihre Form, Farbe, spezifische Größe, Temperatur, Gewicht und andere solche Parameter vorstellen. Dadurch werden Sie die Struktur der Emotion genauer verstehen und eine bessere Vorstellung davon bekommen, wie sie in Ihrem Körper lebt. Fragen Sie sich auch, ob diese Emotion stark oder eher schwach ist?

4. Wann und wie enden sie? Wie lange dauern sie insgesamt? Denken Sie darüber nach, wann die Emotion verschwindet. Aus welchem Grund verschwindet sie? Ist die Zeit einfach vergangen oder ist sie das Ergebnis von Überlegungen? Wie endet sie? Nimmt sie ihre ursprüngliche Form wieder an oder verschwindet sie plötzlich? Wie lange hat die Emotion gedauert - drei Minuten, eine halbe Stunde oder vielleicht mehrere Stunden?

Wenn Sie alle Antworten auf die oben genannten Fragen gesammelt haben, verfügen Sie über unschätzbare Informationen zu einer bestimmten Emotion. Damit haben Sie bereits einen großen Vorteil im Bereich der emotionalen Intelligenz - Sie wissen wahrscheinlich mehr über eine einzelne Emotion als je zuvor. Damit erlangen Sie bereits die Fähigkeit, sie zu kontrollieren, da Sie wissen, woher sie kommt, wie sie sich entwickelt und wann sie endet.

Als ich begann, diesen Ansatz zu verwenden, war ich überrascht, wie genau ich meine Emotionen verstehen konnte. Ich hatte zum Beispiel nie bemerkt, dass ein

Gefühl von Freude in der Mitte meines Magens beginnt und sich dann nach oben ausbreitet.

Dank der emotionalen Intelligenz denken wir nicht nur darüber nach, wie andere uns fühlen lassen, sondern berücksichtigen auch, dass jede Interaktion zwischen Menschen in einem bestimmten Kontext stattfindet: Wenn jemand abfällige Bemerkungen über uns macht, kann es sein, dass er eifersüchtig ist oder dass er einfach sein soziales Ansehen auf ein solches Verhalten stützen muss. Kurz gesagt, emotionale Intelligenz hilft uns, über die Gründe nachzudenken, die andere dazu veranlasst haben, sich auf eine Weise zu verhalten, die uns etwas fühlen lässt, anstatt zuerst darüber nachzudenken, wie wir uns fühlen, und dann zu entscheiden, wie wir auf das reagieren werden, was andere sagen oder tun.

Warum benötigen Unternehmen diese Art von Intelligenz?

Heutzutage investieren viele Unternehmen erhebliche Summen, um ihre Mitarbeiter in emotionaler Intelligenz zu schulen. Die Unternehmen haben erkannt, dass einer der Schlüssel zum geschäftlichen Erfolg und zum Verkauf ihrer Produkte in der Fähigkeit ihrer Mitarbeiter liegt, ihre eigenen Emotionen sowie die ihrer Kunden zu erkennen und zu kontrollieren.

Es ist nahezu undenkbar, sich einen Verkäufer ohne Kundenorientierung, einen Geschäftsmann ohne Motivation zur Unternehmensführung oder einen Verhandler vorzustellen, der seine Impulse und Emotionen nicht kontrollieren kann. Alle technischen Kenntnisse, die auf dem besten Verhältnis zwischen akademischer Bildung und Erfahrung basieren, werden für diese Personen keine Garantie sein, denn früher oder später werden sie aufgrund unzureichender Kenntnisse über ihre Emotionen in wirtschaftlichen Angelegenheiten scheitern.

Mitarbeiter mit emotionaler Intelligenz sind am gefragtesten

Es ist erwähnenswert, dass Unternehmen im Auswahlprozess für Mitarbeiter tendieren, Bewerber in stressigen oder unangenehmen Situationen zu platzieren, um ihre Reaktion und ihre Fähigkeit zur Emotionskontrolle zu überprüfen.

Jonathan Garcia-Allen, Organisationspsychologe, erklärt: "Die Zeiten, in denen Einstellungsprozesse auf beruflicher Erfahrung und technischem Wissen basierten, sind vorbei. Heutzutage hat sich die Methode weiterentwickelt und Aspekte der emotionalen Intelligenz wie zwischenmenschliche Fähigkeiten und Emotionsmanagement haben einen wichtigen Platz eingenommen. Diese zunehmende Bedeutung des emotionalen Aspekts bei der Arbeit ist durch den Trend zur Auslagerung der Wirtschaft in westlichen Ländern motiviert, wo der wirtschaftliche Austausch durch das Vertrauen zwischen den beiden Akteuren vermittelt wird".

Gemäß García-Allen sind Mitarbeiter mit einem hohen EQ für Unternehmen viel produktiver. Im Grunde ist das normal: Das Management von Emotionen spielt eine sehr wichtige Rolle sowohl bei der Fähigkeit zur Selbstmotivation als auch bei der Fähigkeit, Konflikte zu vermeiden und angemessen mit anderen Teammitgliedern zu kommunizieren.

Gibt es empirische Beweise dafür?
Das Konzept der emotionalen Intelligenz stützt sich auf zwei Arten von empirischen Beweisen. Zum einen wurden diejenigen Teile des Gehirns identifiziert, die an ihrer Entstehung beteiligt sind und weniger an anderen Arten von mentalen Prozessen beteiligt sind. Zum anderen wurde durch die Verwendung standardisierter Tests zu ihrer Messung und die Analyse der erhaltenen Daten festgestellt, dass die emotionale Intelligenz ihre eigene faktorielle Struktur aufweist. Daher weist sie eine positive Korrelation zu den allgemeinen IQ-Werten auf, verhält sich statistisch jedoch nicht genau so wie diese.

Mit anderen Worten basiert der psychologische Aufbau der emotionalen Intelligenz (EI) sowohl auf der Beobachtung der Funktionsweise des Gehirns als auch auf Informationen aus der Psychometrie.

Dennoch bestehen die gleichen Probleme bei der Definition von allgemeiner Intelligenz, um zu erklären, was EI ist. Es handelt sich weder um einen Teil des Gehirns noch um eine besondere Art der Informationsverarbeitung, sondern es wird im Wesentlichen beobachtet, wie man sich in bestimmten Situationen verhält und wie sich dies in einer Situation zu Vor- oder Nachteilen führt. Die Natur der EI bleibt weitgehend ein Geheimnis.

Ein Bericht zur besseren Verständnis der emotionalen Intelligenz (EI)
Eduard Punset, Elsa Punset und das spanische Fernsehen bringen uns in diesem kurzen, aber interessanten Bericht näher an die emotionale Intelligenz heran:

Emotionales Management mit NLP

Die unterdrückte freie Äußerung von empfundenen Emotionen zwingt Menschen dazu, Masken zu tragen, die verbergen, wovor sie Angst haben, nach außen zu zeigen. Unterdrückte Emotionen neigen dazu, mit doppelter Intensität zurückzukehren und ohnmächtig zu werden.

"Ich kann meine Emotionen nicht bewältigen."
Die Unterdrückung empfundener Emotionen liegt vielen psychologischen Störungen (oft sehr subtil) zugrunde, die sich in unseren alltäglichen Problemen zeigen. Glücklicherweise gibt es eine Alternative, bei der Emotionen wie Wolken am blauen Himmel sind. Sie erscheinen und verschwinden, vollständig akzeptiert. Die Unterdrückung empfundener Emotionen ist eine Folge des gesellschaftlichen Glaubens, dass Emotionen schlecht sind, dass man keine negativen Emotionen empfinden sollte. **DASS MAN SIE KONTROLLIEREN MUSS!**

Was ist der Effekt davon? Einige Menschen unterdrücken ihre Emotionen so stark, dass sie nicht einmal wissen, welche Emotionen sie fühlen. Sie wissen nicht, was sie in diesem Moment fühlen. Sie sind so zwischen Gedanken an die Zukunft oder die Vergangenheit hin- und hergerissen, dass sie sich nicht einmal die Mühe machen zu fragen: "Welche Emotionen habe ich gerade?"
Indem wir Emotionen unterdrücken, sammeln wir eine überschüssige Energie an, was nicht gut für unsere Gesundheit ist (Körper und Geist). Ein Mensch, der sich seiner eigenen emotionalen Zustände kaum bewusst ist, kann manchmal einen Blitzgedanken haben wie: "Aber ich bin SCHLECHT!" oder "Ich bin furchtbar gestresst vor der morgigen Prüfung", aber das ist nichts anderes als ein kurzer Blick durch das Schlüsselloch in den Raum, in dem eine Fülle von Wissen und Informationen über sich selbst verborgen ist. Eine solche Erkenntnis reicht nicht aus. Wir brauchen Bewusstsein, Einsicht. Dies wird es uns ermöglichen, die auftretenden Emotionen freizusetzen, indem wir ihre vorübergehende Anwesenheit vollständig akzeptieren.
Erinnern Sie sich an das letzte Mal, als Sie Freude empfunden haben. Was haben Sie gefühlt? Die meisten Menschen werden einfach "angenehm" sagen und dabei stehen bleiben. Eine solch oberflächliche Betrachtung wird ihnen nicht ermöglichen, diese Emotion zu verstehen und sich vollständig an dieses Gefühl zu erinnern. Stattdessen ist es besser, sich eine Weile auf diese Emotion zu konzentrieren. Denken Sie darüber nach, warum Sie dieses Gefühl hatten? Wann

haben Sie angefangen, Freude zu empfinden? Wo in Ihrem Körper ist diese Emotion aufgetreten? Betrachten Sie dieses Gefühl sehr sorgfältig.

Vor kurzem bin ich auf einen interessanten Vortrag von Eckhart Tolle gestoßen, in dem er über die Beobachtung seiner eigenen Emotionen sprach. Er sagte, es reiche nicht aus, destruktive Emotionen auszudrücken. Das Schreien vor Wut oder das Weinen wie ein Biber gibt Ihnen Energie, die in Ihnen steckt, aber es heilt nicht die Ursache des Problems (natürlich können Sie diese Energie freisetzen, aber Sie können dies auf verschiedene Arten tun – zum Beispiel durch das Praktizieren von EFT oder Joggen). Wenn Sie sich ausruhen, kann die Emotion wieder auftauchen. Die von destruktivem Denken genährte Energie wird sich in destruktiven Emotionen manifestieren.

Deshalb schlägt Eckhart etwas anderes vor:
> **"Drücken Sie Ihre Emotionen aus und beobachten Sie gleichzeitig den Prozess."**

Der zweite Teil dieses Zitats ist entscheidend, da allein das Ausdrücken Ihrer Emotionen möglicherweise nicht die gewünschte Wirkung erzielt (Emotionen, die nicht beobachtet werden, werden sich einfach "erneuern"). Die Handlung des Beobachtens macht Sie sich bewusst, wie Ihre Gedanken Emotionen erzeugen, die Sie in Ihrem Körper spüren. Darüber hinaus ruft der Beobachtungsprozess das hervor, was als Depersonalisierung bezeichnet wird, dh Sie hören auf, sich mit Ihren Emotionen zu identifizieren. Sie hören auf, sie als untrennbaren Teil Ihrer Existenz, als Teil von Ihnen zu sehen, und beginnen, sie als Wolken zu betrachten, die am Himmel vorbeiziehen, getrennt von Ihrem Selbst.

Dies ist der Unterschied zwischen "Ich bin gestresst und wütend!" und "Ich fühle Stress und Wut!".
Ich habe festgestellt, dass das Beobachten Ihrer eigenen Emotionen, während Sie sie ausdrücken, ein unglaubliches Verständnis für Prozesse vermittelt, von denen ich zuvor keine Ahnung hatte. Sie bemerken mehr, verstehen mehr und akzeptieren daher mehr. Akzeptanz ist der erste Schritt im Prozess des Verstehens und der Kontrolle Ihrer Emotionen. Was bedeutet das? Das bedeutet, dass Sie Ihre emotionalen Zustände kontrollieren, anstatt sich von ihnen kontrollieren zu lassen. Dies ist eine Fähigkeit, die es Ihnen ermöglichen wird, in Ihre innere Welt einzutauchen und sich besser zu verstehen als je zuvor.

Und hier ist die Anleitung:

Schließen Sie für einen Moment die Augen und richten Sie Ihre gesamte Aufmerksamkeit nach innen. Konzentrieren Sie sich auf die aufkommenden Emotionen im Inneren. Beobachten Sie schweigend. Lassen Sie die Emotionen fließen, ohne die Energie zu verlieren, die sie unter den Teppich kehrt. Selbst wenn es unangenehm ist, akzeptieren Sie ihre Anwesenheit. Ihr Aufenthalt in Ihrem Körper wird dadurch viel kürzer und weniger spürbar sein. Wie jede Wolke wird sie sich nach einer gewissen Zeit ruhig entfernen.

Wenn Sie Ihre Emotionen beobachten, vergessen Sie nicht, dies ohne Wertung zu tun. Legen Sie Ihre Überzeugungen über Gefühle wie Wut, Eifersucht, Stress oder Angst beiseite. Gehen Sie stattdessen davon aus, dass Sie die wahre Natur dieser emotionalen Zustände kennenlernen möchten. Es ist die reine Beobachtung, die Ihnen wertvollste, unverfälschte Einblicke bietet. Und was Sie beobachten, notieren Sie sich. Die daraus resultierenden Erkenntnisse können oft sehr wichtig für Sie sein.

Negative Emotionen loswerden

Wir erkennen oft nicht, dass wir auf Autopilot leben, und das ist zu unserer Standard-Lebensweise geworden. Oft handeln und reagieren wir impulsiv, ohne viel nachzudenken und ohne die Aktivität selbst zu schätzen. So kommen wir zu dem Schluss, dass es nicht genug Stunden am Tag gibt, nicht genug Minuten in der Stunde und keine Zeit für unsere Seelen. Wir bewegen uns mit großer Kraft und Energie voran, lassen jedoch unser Bewusstsein hinter uns. Wir machen uns keine Sorgen, unsere Essenz zu verlieren oder zu verschwenden. Es ist wichtiger (denken wir), so schnell wie möglich irgendwo anzukommen, anstatt etwas besser zu machen. Wir leben in ständiger Autopilot, der uns daran hindert, uns auf das zu konzentrieren, was wirklich wichtig ist - uns selbst.

Niemand mag das Gefühl von Nervosität oder Stress. Zu viele äußere Situationen wirken sich direkt auf unsere Emotionen aus. Doch dieser Einfluss kann weitgehend beseitigt werden. Unerwünschte Emotionen können verschwinden, und wir können Freude und ein Lächeln an ihre Stelle setzen. Die Neurolinguistische Programmierung "NLP" bietet viele interessante Techniken, um negative Emotionen loszuwerden. Diese Techniken lehren Sie, sich besser zu fühlen, indem Sie die Bilder kontrollieren, die Sie in Ihrem Kopf erstellen.

NLP ist eines der therapeutischen Konzepte, das Methoden und Werkzeuge für persönliche Entwicklung, effektive Kommunikation und Motivation umfasst. Der Begriff "neuro" bedeutet, dass all unser Verhalten das Ergebnis neurologischer Prozesse ist. Die Sinnesdaten (Hören, Riechen, Schmecken, Sehen, Berühren), die wir erfassen, werden in Denkprozesse "übersetzt". Der "linguistische" Teil erklärt, wie wir kommunizieren, und indem wir uns auf angemessene Weise "programmieren", können wir spezifische Ergebnisse erzielen. Die Schöpfer des NLP gehen davon aus, dass eine Person nach einer erworbenen Erfahrung ein Modell, eine "Karte" der Welt erstellt, in der sie lebt. Aber nach Meinung der Therapeuten der Neurolinguistischen Programmierung kann die Welt, die wir wahrnehmen, kreativ oder pathologisch verändert werden, und zwar auf drei Arten.

Die Informationen, die zu uns gelangen, können wir:
- Verallgemeinern, zum Beispiel: "Mein Mann schreit mich immer an",
- Verzerren,
- Auslassen (auswählen).

Aufgrund dieser Mechanismen haben wir kein echtes und vollständiges Bild der uns umgebenden Realität. Und das führt zu Problemen. Die Lösung kann eine Schulung oder Therapie sein, um NLP-Techniken zu erlernen.

Ziele und Auswirkungen der NLP-Techniken:
Die NLP zeigt die Möglichkeiten im menschlichen Geist, direkt unterhalb der Bewusstseinsschwelle. Sie bietet Methoden und Werkzeuge, um diese Möglichkeiten zu erreichen. In der Therapie erkennt der Patient, welche Denk- und Verhaltensmuster (dh welches Weltmodell) zu seinen Problemen geführt haben. Die Therapie soll seine inneren Zustände, Überzeugungen und Verhaltensweisen ändern. Sie kann uns von der Beeinflussung traumatischer Erfahrungen befreien, negative Erinnerungen ändern, Krankheitssymptome oder Reaktionen auf bestimmte Reize (z. B. lähmende Angst vor Verabredungen) beseitigen und uns ermöglichen, mit Menschen so zu kommunizieren, wie wir es wünschen.

1. Ändern Sie die Submodalität: (Parameter der in Ihrer Vorstellung erstellten Bilder) - Schließen Sie die Augen, erinnern Sie sich an ein Bild in Ihrem Kopf von einem vergangenen Ereignis, das Sie sehr negativ beeinflusst hat. Stellen Sie sicher, dass es sich um eine Erinnerung handelt, die Sie immer unglücklich gemacht hat, wenn Sie daran gedacht haben. Betrachten Sie dieses Ereignis einen Moment lang assoziiert (das heißt, indem Sie in Ihre eigenen Augen schauen). Fühlen Sie alle negativen Emotionen, die dieses Ereignis in Ihnen auslöst.
Jetzt dissociieren Sie sich (treten Sie aus sich selbst heraus, betrachten Sie sich selbst und das Ereignis von außen, aus der Perspektive einer dritten Person) und machen Sie das Bild schwarz-weiß. Verdunkeln Sie es ein wenig, senken Sie es ab, lassen Sie den sich bewegenden Film zu einem Bild, einer statischen Folie werden. Versetzen Sie das Bild jetzt so weit wie möglich von sich weg und lassen Sie es zu einem kleinen Punkt in der Ferne werden. Ruft dieses Ereignis immer noch die gleichen Emotionen in Ihnen hervor wie zuvor? Sie können die gleiche Behandlung nicht nur für Ereignisse anwenden, die einmal stattgefunden haben, sondern auch für solche, die erst vor wenigen Minuten passiert sind.

2 - Arbeiten mit dem inneren Dialog: Wie jeder haben Sie wahrscheinlich eine Stimme in Ihrem Kopf, die Sie belastet, wenn Sie etwas falsch machen. Sie sagt so etwas wie "immer falsch, immer nicht richtig, alles ist vermasselt, du bist nicht gut, du bist hoffnungslos, du wirst nie wieder Erfolg haben". Eine solche Stimme ist schrecklich lästig und will nicht schweigen. Sie lässt Sie sich schlecht fühlen und bewirkt nichts.

Wenn Sie solche Selbstkritik loswerden möchten, schließen Sie die Augen, hören Sie zu und überlegen Sie, woher diese Stimme in Ihrem Kopf stammt. Stellen Sie sich dann vor, die Quelle dieser Stimme mit Ihrer Hand zu ergreifen, sie aus Ihrem Kopf zu ziehen und neben sich zu legen. Geben Sie ihr Charakter, wie einen Zwerg. Lassen Sie diese Stimme herauskommen und weiterhin sagen, was sie gesagt hat. Ändern Sie jetzt den Ton ihrer Stimme in eine sehr quietschende Stimme und beschleunigen Sie sie so weit wie möglich, sodass Sie nicht verstehen, was sie sagt. Fangen Sie diesen Zwerg und werfen Sie ihn so weit wie möglich weg. Lassen Sie ihn dort draußen ruhen und weiterhin mit dieser quietschenden Stimme sprechen. Macht Sie diese Stimme danach immer noch schlecht fühlen?

3. Veränderung der Wahrnehmung: Jedes Mal, wenn etwas passiert, das Sie negativ beeinflusst und unangenehme Emotionen in Ihnen auslöst, versuchen Sie, die positiven Aspekte daran zu finden. Ändern Sie die Bedeutung des Ereignisses in etwas Positives. Zum Beispiel, wenn Sie den Bus verpassen, denken Sie daran, dass ein Spaziergang an der frischen Luft Ihnen gut tun wird, dass Sie auf dem Weg in den Laden gehen werden, um etwas zu essen zu kaufen, und dass Sie sowieso keine Fahrkarte hatten. Diese Denkweise wird die negative Auswirkung des Ereignisses auf Ihre Emotionen beseitigen. Der Bus wird abfahren und Sie werden sich immer noch gut fühlen.

4) Bringen Sie Ihren Körper in einen entspannten Zustand: Es ist bekannt, dass unser Körper angespannt ist, wenn wir nervös und gestresst sind. Und wenn wir glücklich sind, ist er eher entspannt. Gute Nachricht - es funktioniert auch umgekehrt. Wenn Sie angespannt sind und sich aus irgendeinem Grund schlecht fühlen, setzen Sie sich hin, atmen Sie tief ein und entspannen Sie Ihren Körper. Ihr Geist wird folgen: Es ist viel schwieriger, gestresst zu sein, wenn Ihr Körper entspannt ist.

Ändern Sie Ihre Emotionen durch Neuanordnung:

Es gibt keine langweilige oder stressige Situation. Es gibt nur die Art und Weise, wie Sie wahrnehmen, was Ihnen passiert. Einige Menschen interpretieren Situationen und Verhaltensweisen so, dass sie jedes Mal Wut oder Stress auslösen.

Sie müssen verstehen, dass es immer und überall Ihr Geist ist, der der Realität um Sie herum Bedeutung verleiht. Ereignisse, Situationen, Verhaltensweisen oder spezifische Objekte sind niemals per Definition schlecht oder gut, langweilig oder nicht, stressig oder entspannend. Jedes Mal nehmen Sie sie auf eine bestimmte Weise wahr, die nicht immer förderlich für Ihren emotionalen Zustand ist.

- **Ändern Sie den Rahmen der Realität:** Nehmen wir das Beispiel von Regen. Wenn Sie nach Hause gehen, ohne einen Regenschirm zu haben, wird der Regen für Sie eine unangenehme Erfahrung sein. Wenn Sie Landwirt sind und es seit sechs Monaten nicht geregnet hat, wird der Regen eine Rettung und ein Segen für Sie sein. Wenn Sie in einer Region leben, in der Überschwemmungen häufig vorkommen, kann der Regen eine ernsthafte Bedrohung darstellen. Wenn Sie jedoch gerade dabei waren, Ihren Rasen zu bewässern, würde der Regen Ihnen wertvolle Zeit sparen. Wie Sie sehen können, ist Regen nicht per Definition gut oder schlecht - es ist der Kontext, in dem er auftritt, und die Art und Weise, wie er wahrgenommen wird, die ihm spezifische Eigenschaften verleiht.

Jetzt möchte ich, dass Sie wissen, dass Sie Ihre Wahrnehmung der Realität um Sie herum leicht ändern können. Indem Sie Ihre Perspektive ändern, können Sie Ihre mit einer bestimmten Situation oder dem Verhalten einer anderen Person verbundenen Emotionen sofort und vollständig ändern. Dies ermöglicht es Ihnen, Ihre Emotionen zu kontrollieren und zu wählen, ob Sie sich gut oder schlecht fühlen möchten.

Wenn einer Ihrer Angehörigen vor drei Stunden hätte anrufen sollen, es aber noch nicht getan hat, könnten Sie denken, dass er Sie vergessen hat und Sie ihm nichts bedeuten. Diese Wahrnehmung kann Sie wütend machen und enttäuschen. Aber was passiert, wenn Sie Ihren Rahmen ändern, Ihre Wahrnehmung der Situation ändern und dieser Person erlauben, ein kaputtes, gestohlenes, entladenes Handy zu haben...? Ihr Ärger wird wahrscheinlich vergehen. Und was ist, wenn diese Person einen Unfall hatte und jetzt im Krankenhaus ist? Nicht nur Ihr Ärger wird vergehen, sondern Sie werden plötzlich um diese Person besorgt sein. Wie Sie sehen können, führt allein die Änderung des Rahmens (d.h. das Zerbrechen davon) zu einer sofortigen Änderung Ihrer Emotionen.
Ich möchte Ihnen hier beibringen, wie Sie die Situationen und Verhaltensweisen, die Sie erleben, so interpretieren können, dass Ihr emotionales Wohlbefinden davon profitiert. Warum sollten Sie nervös sein, wenn Sie keinen Einfluss darauf haben, ob es regnet oder nicht?

Warum sollten Sie gestresst sein, wenn Sie den wahren Grund dafür, dass Ihr Angehöriger Sie nicht angerufen hat, nicht kennen? In der Regel sieht Ihr Geist nur einen kleinen Teil der Realität, den er auf eine bestimmte Weise interpretiert.

Die obigen Beispiele haben Ihnen jedoch gezeigt, dass es viele andere Möglichkeiten gibt. Und vergessen Sie nicht, dass Sie immer die Wahl haben, wie Sie eine Situation wahrnehmen. Daher haben Sie die Wahl Ihres emotionalen Zustands. Anstatt gestresst, wütend und genervt zu sein, können Sie Frieden und Entspannung wählen. Gleichzeitig ermöglicht es Ihnen, weiterhin alle Ihre Ressourcen und Möglichkeiten zu nutzen, die zuvor von negativen Emotionen verdeckt wurden.

- **Den Kontext ändern:** Die Änderung kann auf zwei Arten erfolgen: durch Änderung des Kontexts oder des Inhalts des Verhaltens oder der Situation. Regen, der je nach Situation unterschiedlich wahrgenommen werden kann, ist ein ausgezeichnetes Beispiel für eine Änderung des Kontexts. Bei dieser Art von Unterbrechung suchen Sie nach anderen Situationen, in denen das Ereignis oder das Verhalten positiv wäre.

  Den Kontext zu ändern bedeutet, sich zu fragen: In welchem Kontext würde diese Situation/dieses Verhalten als positiv angesehen? Dies werden Sie sicherlich feststellen, wenn Sie die folgenden Beispiele lesen:

  o Der Chef schreit dich bei der Arbeit an, kritisiert dein Verhalten und deine Arbeit. Du könntest gestresst sein wegen dieser Situation, aber du hast die Wahl. Denke darüber nach: Vielleicht ist er schwer krank und möchte seine negativen Emotionen auf irgendeine Weise lindern? Oder vielleicht hat er familiäre Probleme? Und was ist, wenn er dir eine Beförderung vorbereitet und jetzt sehen möchte, wie du in solch schwierigen Situationen zurechtkommst?

  o Vor einigen Tagen habe ich von einer Frau gehört, die ein Tierheim mit großem Engagement leitet. Jemand sagte zu ihr: "So oder so wirst du nicht alle diese obdachlosen Tiere auf der Straße retten." Darauf antwortete sie: "Stellen Sie sich vor, Sie sind einer von Hunderten von Menschen in Not... Und plötzlich stellt sich heraus, dass jemand Sie auswählt, um Ihnen zu helfen. Unter so vielen Obdachlosen möchte jemand Ihr Leben retten. Würden Sie dasselbe sagen, was Sie gerade gesagt haben?"

Große Pause : Die Besitzerin des Tierheims hat diese Person in einen Kontext gestellt, in dem sie die Bedürftige ist. Aus dieser Perspektive ist die Leitung eines Tierheims sehr unterschiedlich.

Den Kontext zu ändern, ist auch sehr effektiv, wenn sich jemand über einen Charakterzug schlecht fühlt. Zum Beispiel, wenn jemand stur ist, was sich negativ auf seine Beziehungen zu Menschen auswirkt, kann er denken, dass Sturheit nicht immer negativ sein muss. Sicherlich wird eine solche Person auch hartnäckig sein, um im Leben erfolgreich zu sein. Ein weiteres Beispiel könnte Misstrauen sein. Es ist schwieriger für misstrauische Menschen, Beziehungen zu anderen Menschen aufzubauen, aber sie werden sicherlich von niemandem getäuscht und ausgenutzt. Aus der Sichtweise jedes Einzelnen kann jedes Verhalten sowohl förderlich als auch schädlich sein.

- **Inhalt zerlegen:** Dies beinhaltet die Änderung der Wahrnehmung des Inhalts der Erfahrung, die negative Emotionen in Ihnen auslöst. In diesem Fall fragen Sie sich: Was könnte diese Situation/dieses Verhalten auf positive Weise bedeuten?
  - Sie haben den Bus verpasst. Was war der Nutzen einer solchen Situation? Sie machen einen Spaziergang. Ein Spaziergang wird Ihnen sicherlich guttun, und unterwegs werden Sie in einen Laden gehen und etwas Gutes kaufen, um sich aufzumuntern.
  - Sie sind zu spät für ein wichtiges Meeting. Sie sind vielleicht nervös darüber, aber warum? Wenn Sie gestresst sind, hinterlassen Sie einen viel schlechteren Eindruck als wenn Sie ruhig und selbstbewusst auftreten. Sie können also die Situation umgestalten, indem Sie sich sagen, dass die anderen Teilnehmer sich besser an Sie erinnern werden, weil Sie zu spät sind. Sie machen einen effektiven Auftritt und hinterlassen einen guten Eindruck. Und vielleicht verpassen Sie die langweilige Erklärung eines Ihrer Kollegen? Wie Sie sehen können, kann es tatsächlich von Vorteil sein, zu spät zu kommen.

- **Weise wählen:** Das Ziel der Veränderung besteht nicht darin, jetzt Dummheiten anzustellen. Sie werden nicht damit anfangen, weil Sie es schon immer getan haben! Tatsächlich spiegelt Ihre Sichtweise selten die Realität wider. Wie bereits gesagt, sehen Sie immer nur einen Teil der Realität. Wie wissen Sie, dass der Chef, der Sie anschreit, nur grob und einfältig ist und Sie nicht mag? Das gilt auch für alle anderen Optionen.

Deshalb liegt es an Ihnen, sich selbst zu täuschen - ob Sie Wut, Frustration und Stress empfinden oder sich entspannt und ruhig fühlen, liegt in Ihrer Wahl.

- o Vor einiger Zeit steckte ich im Stau fest. Alle Fahrer hupten, schimpften sich gegenseitig an und man konnte nervöse Grimassen hinter dem Lenkrad sehen. Zu diesem Zeitpunkt entschied ich, dass ich endlich die Gelegenheit haben würde, ein Hörbuch anzuhören, das ich auf meiner Festplatte hatte und zu dem ich nie Zeit gefunden hätte, es zu Hause anzuhören. Ich fühlte mich gut, während andere Cortisol produzierten, ein Stresshormon, das ihre Gehirnzellen zerstörte. Beachten Sie, egal was ich tue, ich werde immer im Stau stecken. Ich habe also die Wahl, dort zu bleiben und mich zu ärgern, oder dort zu bleiben und mich gut zu fühlen. Ich habe die zweite Option gewählt.
- o Ein weiteres lustiges Beispiel ist der eines Freundes, der beim letzten Training erzählte, wie er sich auf die Operation vorbereitete, der er sich stellen musste. Anfangs hatte er Angst, aber dann kam er zu dem Schluss, dass es nicht so negativ auf ihn wirken sollte. Er sagte sich dann, dass er nie die Gelegenheit hatte, die Erfahrung der Anästhesie zu machen. Indem er sich auf diese Erfahrung konzentrierte, begann er sich zu fragen, wie es sein würde, wenn ihm eine Maske ins Gesicht gelegt würde und er gegen seinen Willen einschlafen würde. Er war so aufgeregt über diese Erfahrung, dass er, wie er selbst sagte, nicht auf die Operation warten konnte. So sehr, dass er, als sie verschoben wurde, enttäuscht war. Und wieder einmal musste ich eine Veränderung vornehmen - diesmal in die andere Richtung, um keine Enttäuschung zu empfinden:)

Einige Anmerkungen zu den Veränderungen:

1) Die Art und Weise, wie Sie Ihre Realität wahrnehmen, ist eine Fähigkeit, die Sie durch sorgfältige Übungen verfeinern können. Jedes Mal, wenn Ihnen etwas passiert, das anfangs Stress oder Wut auslöst, denken Sie nicht gleich an Alkohol als Lösung für Ihr Unbehagen. Halten Sie stattdessen inne. Üben Sie, Ihre Perspektive zu ändern, und sehen Sie, wie sich dies auf Ihre Emotionen auswirkt. Je mehr Sie üben, desto leichter wird es Ihnen fallen, in Zukunft erfolgreich zu sein. Auf diese Weise

können Sie immer die Emotion wählen, die Sie in Bezug auf das Verhalten eines Angehörigen oder eine unglückliche Situation empfinden möchten.

2. Denken Sie auch daran, dass Veränderung nicht immer völlig real und wahrscheinlich sein muss. Oft gibt es sogar absurde und lächerliche Veränderungen der Wahrnehmung. Kombinieren Sie sie auf verschiedene Weisen und beobachten Sie, wie Ihr Geist selbst auf seltsame und unwahrscheinliche Veränderungen reagiert.

3. Wählen Sie immer die Veränderung, die am besten zu Ihrer Situation passt. Manchmal funktioniert eine Änderung des Inhalts viel besser, manchmal kann eine Änderung des Kontexts viel effektiver sein. Sie können leicht erkennen, was zu einem bestimmten Zeitpunkt am angemessensten ist.

4. Machen Sie es zur Gewohnheit. Oftmals lernen Sie Ihrem Geist durch die Verwendung von Veränderungen, dass Sie die Wahl haben, wie Sie jede Situation jederzeit wahrnehmen. Oftmals werden Sie durch das Üben einer Perspektivenänderung daran gewöhnt. Sie werden automatisch damit beginnen, es jedes Mal zu tun, wenn eine negative Emotion auftritt. (Bei einem Alkoholiker ist dieser Automatismus darauf programmiert, Alkohol als sofortige Lösung für emotionales Unbehagen zu sehen).

Üben Sie diese Fähigkeit jetzt! Denken Sie jetzt darüber nach, ob es Ereignisse, vergangene Erfahrungen, Situationen oder Verhaltensweisen (Ihre eigenen oder die von anderen) gibt, die Sie unterbrechen könnten.

Befreiung vom inneren Druck

Innerer Druck ist eine der psychophysischen Bedingungen, die für uns am giftigsten sind. Es handelt sich um eine mentale und emotionale Gewohnheit, die uns Motivation, Entspannung und Lebensfreude raubt. Wie können wir uns von dieser inneren Zwangslage befreien und endlich tief durchatmen?

In meiner Coaching-Arbeit stelle ich oft fest, dass für viele Menschen das Leben unter Druck ein normaler Betriebsmodus ist. Es ist, als ob Druck notwendig wäre für ein gutes und effektives Leben.

Was ist Druck für Sie?

Schließen Sie die Augen und erinnern Sie sich an dieses Gefühl. Erinnern Sie sich an eine Situation oder eine innere Stimme, die Sie dazu zwingt, etwas zu tun. Wie fühlen Sie diesen Druck in Ihrem Körper? Es ist sehr wahrscheinlich, dass Sie eine unangenehme Spannung in einem bestimmten Bereich Ihres Körpers (z. B. Nacken, Schultern, Brust) oder allgemein in Ihrem ganzen Körper gespürt haben. Druck ist mit physischer Anspannung verbunden, daher sprechen die Menschen oft davon, "angespannt" zu sein. Denken Sie jetzt darüber nach, wie dieses Gefühl verschiedene Aspekte Ihres Lebens beeinflusst. Wie beeinflusst es Ihre tägliche Arbeit? Ihre Freizeit? Das Nachdenken über die Zukunft? Das Genießen der Gegenwart? Stellen Sie sich einige Situationen in Ihrem Leben vor und sehen Sie, wie Sie funktionieren, wenn Sie Druck verspüren.

Was ist der Zweck des Drucks?

Der erste Schritt, um sich von destruktiven emotionalen Gewohnheiten zu befreien, ist immer das Bewusstsein und das Verständnis.

Wissen Sie, woher der Druck kommt?

Der Zweck des Drucks besteht darin, uns zur Handlung zu motivieren. Der Druck sagt: "Du musst es schneller machen", "du musst besser sein", "du musst dich mehr engagieren", "vorwärts gehen". Er ist mit der Motivation verbunden, d.h. mit den negativen Bildern von dem, was passieren kann, wenn Sie nicht handeln ("ich muss es tun, oder mein Leben ist ruiniert", "wenn Sie es nicht tun, wird es eine Katastrophe sein"). Der Druck zwingt uns zur Handlung. Es ist wichtig zu verstehen, dass das Gefühl des Drucks Sie tatsächlich kurzfristig zur Arbeit motiviert. Der Druck ist der sprichwörtliche Tritt in den Hintern, aber er ist auch eine große harte Mauer, die Sie gerade nach diesem Tritt erreichen.

Sie fragen sich vielleicht, was ich meine. Lassen Sie mich Ihnen ein Beispiel geben. Wenn Sie motiviert sind, Ihre Dissertation unter Druck zu schreiben und denken: "Ich muss endlich anfangen zu schreiben", "Ich sollte bereits drei Kapitel geschrieben haben", kann Sie dies tatsächlich dazu bringen, sich vor den Computer zu setzen und mit dem Schreiben zu beginnen. Aber dieser Druck ist immer noch da. Sie werden sich angespannt und gezwungen fühlen, als ob Sie dazu gezwungen wären, es zu tun, auch wenn Sie es nicht wollen.

Zwang und Druck erzeugen immer Widerstand. Wenn jemand Ihnen sagt, etwas zu tun (oder wenn Sie sich selbst sagen, etwas zu tun), möchten Sie es normalerweise überhaupt nicht tun. Obwohl es der Druck war, der Sie dazu gebracht hat, sich hinzusetzen und Ihre Dissertation zu schreiben, hindert Sie dieser gleiche Druck daran, weiterzumachen. Zuerst treten Sie sich selbst in den Hintern, dann stoßen Sie auf die große Mauer. Ein Zustand ständiger Spannung ist eine Verleugnung des natürlichen Sinns für Motivation. Langfristig tötet der Druck die Motivation.

Die Bindung an den Druck?

Warum sind Menschen so an den Druck gebunden? Weil sie nicht wissen, wie sie sich anders motivieren sollen. Der Druck ist die einzige bekannte Möglichkeit, sie zu motivieren. Menschen, die unter Druck leben, fürchten, dass sie, wenn sie den Druck aufgeben, sich nicht mehr um irgendetwas kümmern werden. Sie haben Angst, ihre Motivation zum Handeln zu verlieren *("Wenn ich aufhöre, mich zum Schreiben meiner Masterarbeit zu zwingen, werde ich überhaupt noch mit dem Schreiben anfangen?")*.

„Lesen Sie diesen Absatz erneut, denn er ist der Schlüssel zur Lösung des Rätsels."

Menschen, die unter Druck leben, haben einen wirklichen Vorteil darin, sich dazu zu zwingen, alles zu tun. Sie benötigen Druck. Es ist ein Werkzeug, um sie zu motivieren (oder besser gesagt, zu zwingen). Oft handelt es sich um Menschen, die nie die Gelegenheit hatten, die Erfahrung zu machen, dass natürliche Motivation von innen kommt. Was es bedeutet, ohne Druck zu leben und zu handeln. Sie sind fest davon überzeugt, dass „wenn ich aufhöre, mich unter Druck zu setzen, werde ich meine Motivation verlieren".

Natürlich handelt es sich dabei um einen sehr irrigen Glauben. Tatsächlich ist es genau umgekehrt. Zwang erzeugt Widerstand und tötet die Motivation, während Akzeptanz und innere Freisetzung es erlauben, zu flourish. Sich vom Druck zu befreien, ist der beste Weg, Ihr inneres und ungezügeltes Verlangen, zu leben und zu handeln, freizusetzen. Innere Ruhe weckt die Lebensenergie, und eines ihrer Merkmale ist die Motivation.

Das Leben ohne Druck :

Schließen Sie für einen Moment die Augen und fragen Sie sich: *„Wie würde ich mich fühlen, wenn ich keinen Druck in meinem Leben hätte?"* " Stellen Sie sich in verschiedenen Situationen vor.

Ich weiß genau, wie sich das anfühlt. Etwas Unglaubliches. Das habe ich in letzter Zeit sehr klar erlebt. Ich habe angefangen, zwei neue Fähigkeiten zu erlernen. Zum Vergnügen. Ich habe angefangen, Yoga zu praktizieren und Klavier zu spielen. Bevor ich überhaupt erste Schritte unternommen habe, habe ich im Voraus angenommen, dass ich es nicht schnell, effizient oder zu einem bestimmten Zeitpunkt tun muss. Ich mache es für mich und möchte Spaß daran haben. Ich habe darauf geachtet, dass es keinen Druck oder keine Erwartung auf ein bestimmtes Ergebnis gibt.

Dieser Ansatz hat den Lernprozess für mich äußerst angenehm gemacht. Ich lerne in meinem eigenen Tempo und spüre keinen Druck. Daher habe ich ständig den natürlichen Wunsch weiterzulernen. Obwohl das Erlernen dieser beiden Fähigkeiten Zeit und regelmäßige Übung erfordert.

Natürlich kann es vorkommen, dass, wenn der Druck verschwindet, auch die Motivation für eine bestimmte Aktivität verschwindet. Dies kann jedoch nur geschehen, wenn Sie im Inneren überhaupt keine Lust haben, diese Handlung auszuführen. Zum Beispiel, wenn Sie sich selbst Druck machen, um sich zu motivieren, eine Arbeit zu erledigen, die Sie nicht mögen, arbeiten Sie daran, weil Sie dazu gezwungen sind. Wenn der Druck verschwindet, kann Ihre innere Motivation überhaupt nicht auftauchen - weil Sie tief im Inneren das Gefühl haben, dass Sie daran nicht arbeiten wollen. ***Den Druck loszulassen ist daher auch eine Möglichkeit, herauszufinden, was Sie im Leben wirklich wollen.***

Ein ständiger Druck auf sich selbst hält Sie in einem geplanten und erzwungenen Lebensstil. Um ohne Druck zu leben, müssen Sie sich selbst vertrauen und Ihrer Intuition vertrauen. Sie müssen glauben, dass Sie besser als jeder andere wissen, was gut für Sie ist.

Leben ohne Druck :

Wie kann man den Druck loswerden? Für einige Menschen wird etwas Druck hilfreicher und motivierender sein. Solange der Druck nicht zerstörerisch ist, können Sie sich davon unterstützen lassen, wenn Sie es wünschen.

Meiner Meinung nach ist Druck überhaupt nicht notwendig für ein glückliches und erfülltes Leben, und in den meisten Fällen stellt er eine Blockade dar. Aber setzen Sie sich nicht sofort unter Druck, ihn loszuwerden - es ist ein Prozess, der Zeit in Anspruch nehmen kann und viele Zwischenschritte beinhalten kann. In vielen Fällen reicht es aus, zu verstehen, was Druck ist und wie er funktioniert, um ihn loszuwerden.

Es gibt auch andere Dinge, die Sie tun können, um diesen Ballast loszulassen und tief durchzuatmen. Kurz und präzise, in 3 Punkten:

⇒ **"Ich möchte" statt "Ich muss".** Geben Sie sich die Möglichkeit, den inneren Zustand, die natürliche Motivation zu erleben, die aufkommt, wenn Sie nicht gezwungen sind, etwas zu tun. Vereinbaren Sie einige Tage ohne "Ich muss" und "Ich sollte" und sehen Sie, wie es ist, sich selbst darüber entscheiden zu lassen, was Sie wollen. Diese Art von Motivation kann nur aufblühen, wenn das "Ich sollte" verschwindet und das "Ich möchte" erscheint.

⇒ **Eine neue Art der Motivation.** Um sich von der Zwanghaftigkeit zu befreien (was wahrscheinlich wichtig ist, wenn wir keine andere Möglichkeit kennen, unseren inneren Willen zu ernähren), können Sie eine neue Strategie der inneren Motivation entwickeln. Hören Sie auf, Angst vor den negativen Konsequenzen von Inaktivität zu haben (das erzeugt Druck), sondern denken Sie über die Gründe nach, warum Sie denken, dass es sich lohnt, etwas zu tun. Stellen Sie sich die positiven und langfristigen Konsequenzen Ihrer Handlungen vor. Das Leben ohne Druck ist mit der Motivation verbunden, d.h. mit positiven Vorstellungen davon, was passieren wird, wenn Sie handeln (Sie werden von diesen positiven Vorstellungen angezogen). Wenn Sie etwas tun, weil Sie Ergebnisse erwarten, macht die Handlung sehr viel Spaß. Sie gelangen dann in einen Zustand des Flusses und werden nicht von Spannung und störenden Gedanken über mögliche Katastrophen abgelenkt.

⇒ **Verwalten Sie Ihre Erwartungen.** Achten Sie auf die Erwartungen, die Sie an sich selbst stellen. Wenn sie unrealistisch sind, werden sie immer ein Gefühl von Druck erzeugen. Ihre Erwartungen an sich selbst sollten dem entsprechen, was Sie tatsächlich von sich geben können. Schreiben Sie die Frage *"Was erwarte ich von mir selbst?"* in Großbuchstaben und notieren Sie alles, was Ihnen einfällt. Überprüfen Sie diese Erwartungen und streichen Sie die unrealistischen. Notieren Sie darunter die neuen Erwartungen. Diejenigen, die Ihnen ein Gefühl von innerer Freiheit und Befreiung geben.

Ersetzen Sie "Ich muss" durch "Ich will".

Jedes Wort, das Sie aussprechen, hat einen großen Einfluss auf Ihre Emotionen und Ihr Verhalten. Allein die Änderung Ihrer Sprache ist ein effektiver Weg, um einen Zustand der Motivation effektiv zu induzieren.

In diesem Teil des Buches schlage ich eine sehr subtile, aber sehr wichtige Änderung vor. Fangen Sie einfach an, "Ich will" anstelle von "Ich muss" zu sagen. Die Effekte werden Sie sicherlich überraschen. Möchten Sie wissen, wie sehr?

Verschiedene Wörter vermitteln spezifische emotionale Botschaften. Eine interessante Studie wurde durchgeführt, um diese Hypothese zu überprüfen. Freiwillige wurden in zwei Gruppen aufgeteilt. Die erste Gruppe erhielt Karten mit Wörtern wie Krieg, Traurigkeit, Wut, Eifersucht, Bestrafung, Enttäuschung, Verzweiflung, Kummer. Die Wörter selbst übermittelten eine negative emotionale Botschaft. Die zweite Gruppe hatte die Gelegenheit, Wörter wie Freude, Glück, Lächeln, Sieg, Erfüllung, Stolz, Vergnügen zu lesen.

Nach dieser kurzen Vorführung zeigten die Macher des Experiments Bilder verschiedener Menschen. Die Teilnehmer wurden gebeten, die Persönlichkeitsmerkmale jeder Person zu bewerten. Es stellte sich heraus, dass die erste Gruppe die Personen auf den Fotos hauptsächlich als gestresst, traurig und problembehaftet bewertete. Die zweite Gruppe bewertete dieselben Personen als glücklich und zufrieden mit dem Leben. Jedes Wort in Ihrem Geist ist direkt mit einer Emotion verbunden. Wörter sind Anker.

Sie können dies an sich selbst ausprobieren. Machen Sie nach dem Lesen dieses Teils des Buches eine 3-minütige Pause, schließen Sie die Augen und wiederholen Sie währenddessen kontinuierlich die gleichen Wörter wie in der oben genannten zweiten Gruppe der Studie. Die Wörter können sich wiederholen. Achten Sie nach diesen 3 Minuten darauf, wie viel besser Sie sich fühlen.

Ich will nicht, aber muss ich es tun?

Zwei äußerst wichtige Wörter für Sie, die starke Anker in Ihrem Leben darstellen, sind "müssen" und "wollen". Sie verwenden sie wahrscheinlich jeden Tag.

Das Erste, was Sie wissen sollten, ist, dass das Wort "müssen" ein negativer Anker ist. Es ruft Pflicht und Zwang hervor. Es weckt negative Emotionen und verringert Ihre Motivation, jedes Mal wenn Sie es aussprechen. Die negative Konnotation dieses Wortes wurde uns in der Adoleszenz beigebracht, als Lehrer, Eltern und andere Menschen uns sagten: "Du musst es tun, denn wenn du es nicht tust...", "Du musst lernen, es zu tun, denn wenn du es nicht tust...", und so weiter. Heute ist das Wort "müssen" mit Strafe und Zwang verbunden. Aber das Wort "wollen" befindet sich am entgegengesetzten emotionalen Pol. Es ruft ein Gefühl von Motivation, Verlangen und Freude hervor. Das, was wir wollen, sind die Dinge, die wir begehren, die Dinge, die wir wünschen, die Dinge, von denen wir träumen.

Die zweite Sache, die ich Ihnen vermitteln möchte, ist, dass Sie im Leben eigentlich nichts tun müssen. Sie haben freien Willen, und alles, was Sie tun, tun Sie, weil Sie es wollen. Selbst wenn Ihnen jemand sagt, Ihr Zimmer aufzuräumen, sind Sie nicht verpflichtet, es zu tun. Wenn Sie es tun, ist es, weil Sie eine gute Beziehung zu dieser Person haben möchten oder weil Sie Ihren Geist beruhigen möchten. Oder vielleicht möchten Sie sogar Ordnung im Zimmer haben :). Auf jeden Fall ist der Wunsch immer da, auch wenn Sie ihn als Zwang bezeichnen. Jede Handlung, die Sie unternehmen, kommt aus Ihrem Wunsch, nicht aus Ihrer Pflicht.

Ich muss es nicht tun, aber ich will es!

All das führt uns zum Kern, zu einer ganz einfachen Sache. Verwandeln Sie das Wort "**müssen**" in das Wort "**wollen**" in Ihrem Leben. Dies wird Ihre Einstellung zu allem, was Sie tun, grundlegend verändern und Ihnen die Motivation zum Handeln geben. Stellen Sie sich vor, Sie müssen den Müll rausbringen. Machen Sie die Änderung jetzt und sagen Sie: "Ich will den Müll rausbringen." Wie fühlt sich das an? Großartig, wir haben nur ein Wort geändert, und plötzlich stellt sich heraus, dass das Müllrausbringen gar nicht so schlimm ist!

Sagen wir, Sie sollen jemanden treffen. Es ist jemand, mit dem Sie keine besonders gute Beziehung haben, und Sie freuen sich nicht wirklich auf das Treffen. Sie denken: "Oh, ich muss ihn treffen." Ändern Sie das in "Ich will ihn treffen" und beobachten Sie, wie sich Ihre Emotionen verändern.

Sie sehen, alles hängt davon ab, wie Sie sich fühlen, jedes Mal wenn Sie etwas zu tun haben. Sie können sich die ganze Zeit sagen, "Ich muss", sich schlecht fühlen und niemals motiviert sein, irgendetwas zu tun. Oder Sie können anfangen "Ich will" zu sagen und sich viel besser fühlen und sogar Motivation finden, wo sie noch nie zuvor war.

Sie möchten es zu einer Gewohnheit machen.

Das Prinzip ist einfach. Jedes Mal, wenn Sie in Ihrem Kopf "Ich muss" sagen, ändern Sie es in "Ich will". Nach einer Weile werden Sie sich daran gewöhnen, und das Wort "Ich will" wird natürlich anstelle von "Ich muss" auftauchen.

Eine Anmerkung: In Beziehungen zu anderen Menschen kann die Verwendung des Wortes "müssen" in bestimmten Kontexten immer noch vorteilhaft sein. Zum Beispiel, wenn Sie den Vorschlag einer Person ablehnen möchten, zu einer Party zu gehen, wird es Ihnen sicherlich leichter fallen, dies zu tun, indem Sie sagen "Ich muss zu Hause bleiben" anstatt "Ich möchte zu Hause bleiben".

Andererseits werden Sie feststellen, dass Sie, wenn Sie das Wort "Ich möchte" anstelle von "Ich muss" in einem Gespräch mit anderen Menschen verwenden, von sich selbst als viel ehrlicher, authentischer und vertrauenswürdiger wahrgenommen werden. Aber am wichtigsten ist, dass Sie anfangen, zu sich selbst "Ich möchte" zu sagen. Diese kleine mentale Gewohnheit kann die Qualität Ihres Lebens vollständig verändern. Jeder Gedanke ist ein Samenkorn, das zu Ihren Handlungen und Ihrem Wohlbefinden führt. Stellen Sie sicher, dass Sie nur von Menschen umgeben sind, die Sie unterstützen.

Und vergessen Sie nicht, dass die Theorie allein nicht funktioniert, daher ist es Zeit, sie in die Praxis umzusetzen. Ich schlage vor, Sie machen einen 3-tägigen Versuch und testen ihn in Ihrem Leben. Beobachten Sie, wie sich die Änderung des Wortes auf Ihre Gefühle auswirkt, wie sie Ihre Motivation beeinflusst und die Qualität der Handlung beeinflusst, auf die sich das Wort "wollen" bezieht.

Spaß mit dem inneren Dialog haben

Die NLP "Neurolinguistische Programmierung" ist ein koordiniertes Set von Wissen und Praktiken im Bereich der Psychologie, das auf einem pragmatischen Ansatz zur Modellierung von Kommunikation und Veränderung basiert. Es wurde in den 1970er Jahren in den USA von Richard Bandler und John Grinder entwickelt. NLP bietet Ihnen die Möglichkeit, Ihren emotionalen Zustand buchstäblich in wenigen Sekunden zu ändern. Der beste Weg, dies zu erreichen, besteht darin, Ihre oft unangenehmen inneren Dialoge zu ändern, die häufig zu Stress oder fehlender Motivation beitragen. Es handelt sich um eine Technik, um die Funktionsweise Ihres Geistes zu ändern, insbesondere Ihre Fähigkeit, andere zu beeinflussen. Glücklicherweise haben Sie die volle Kontrolle über dieses innere Biest oder diesen Schelm. Aus einem quengelnden Kritiker werden wir einen beruhigenden und mächtigen Diener machen :). Im Folgenden werden einige der effektivsten Methoden vorgestellt, um Schreie in Gelächter, Traurigkeit in Freude und "Ich will nichts" in einen Zustand wilder Motivation zu verwandeln!

Bei Menschen, die ihre innere Stimme nicht kontrollieren, kommentiert sie unermüdlich alles, was um sie herum geschieht. Sie kommentiert buchstäblich alles - die Menschen, die sie treffen (ihr Aussehen, ihr Verhalten, ihre Aussagen), die Ereignisse, an denen sie teilnehmen. Sie kommentiert auch ihre Gedanken (oder deren Fehlen) und Handlungen (oder deren Fehlen) und äußert ihre Meinung darüber. Haben Sie eine solche innere Stimme? Und wenn ja, identifizieren Sie sich mit dieser Stimme? Glauben Sie, dass diese Stimme Sie repräsentiert? Denken Sie darüber nach. Sie sind nicht wirklich Ihre innere Stimme. Es ist eine Art Produkt Ihrer Vorstellungskraft, das sich im Laufe der Evolution gebildet hat und Sie begleitet, seit Sie gelernt haben, Sprache zu verwenden.

Alles wäre gut, wenn die meisten Menschen auf der Welt sich nicht einmal bewusst wären, dass sie die ganze Zeit mit sich selbst sprechen! Das Ergebnis ist, dass sie keine Kontrolle über ihre innere Kritik haben. Und das hat einen enormen, sogar entscheidenden Einfluss auf das, was wir empfinden. Der Inhalt dessen, was sie uns sagen, sowie die Färbung der Intonation der inneren Stimme, können unseren emotionalen Zustand in Sekundenschnelle verändern.
Was sind Ihre inneren Dialoge? Sprechen Sie sich morgens mit einer entmutigenden Stimme: "Schon wieder... Arbeit..."? Oder ist es eher "Ein weiterer wunderbarer Tag erwartet mich"? Wenn Sie vor einer Herausforderung stehen,

hören Sie dann "Ich kann es sowieso nicht tun, es hat keinen Sinn"? Oder ist es eher "Das wird eine Explosion, ich kann es kaum erwarten!"?

Ihre inneren Dialoge bestimmen Ihr Leben. Sie entscheiden, ob Sie sich langweilen oder lieber Spaß haben möchten. Sie können massive Veränderungen in Ihrem Lebensstil nur bewirken, indem Sie ändern, was Sie sich selbst sagen und wie Sie mit sich selbst sprechen. Bevor Sie also beginnen, Ihre inneren Stimmen zu verändern, ist es gut, zuzuhören, was in Ihrem Kopf vor sich geht. Das Bewusstwerden der Denkprozesse in Ihrem Kopf ist der erste Schritt in jedem Selbsthilfeprozess. Schließen Sie dazu die Augen und stellen Sie sich verschiedene Lebenssituationen vor. Wählen Sie mehrere Situationen, die für Sie wichtig sind, wie ein Treffen mit einer neuen Freundin, den ersten Tag in Ihrem neuen Job, das Annehmen einer neuen Herausforderung, das Nachdenken über Ihre Lebensziele, das Einschätzen Ihrer Fähigkeiten, das Studieren für eine Prüfung. Stellen Sie sich in diesen Situationen vor und hören Sie darauf, was Sie sich selbst sagen. Welche Worte verwenden Sie genau, wenn Sie über das nachdenken, was Sie in diesen Kontexten tun? Wie spricht Ihre innere Stimme, welche Intonation verwendet sie? Welche Emotionen spüren Sie, wenn Sie so mit sich selbst sprechen?

Jetzt, da Sie wissen, wie Ihr innerer Kritiker mit Ihnen kommuniziert, können Sie beginnen, damit zu spielen und seine Art zu sprechen zu ändern. Jedes Mal, wenn Sie etwas ändern, beobachten Sie, wie es Ihre emotionale Verfassung beeinflusst. Selbst eine kleine Veränderung in Ihrem inneren Dialog kann erhebliche Auswirkungen darauf haben, was Sie fühlen, daher werden die Effekte sicherlich sehr deutlich sein.

Im Folgenden finden Sie die 7 effektivsten Möglichkeiten, Ihre mehr oder weniger unangenehmen Dialoge zu kontrollieren (falls Sie solche haben). Wählen Sie für jede Methode einen anderen Kontext aus, in dem Sie sich bestimmte Dinge sagen. Behandeln Sie die meisten Ihrer Dialoge auf diese Weise, und Ihre Emotionen werden sich jeden Tag radikal verändern.

Legen Sie los!

1. Zuerst fragen Sie sich, warum Sie diese Stimme hören. Mit anderen Worten, finden Sie die Absicht Ihres inneren Dialogs heraus. Fragen Sie sich "Was möchten Sie erreichen, indem Sie dies tun?", "Was ist Ihr Ziel, wenn Sie es sagen?". Sie werden sofort Antworten erhalten und oft feststellen, dass die Absicht Ihres inneren Dialogs tatsächlich die positivste ist. Manchmal geht es darum, sich sicher zu fühlen, Misserfolg zu vermeiden oder die Motivation zum Handeln zu erhalten. Sobald Sie wissen, was seine Absicht war, danken

Sie ihm, und er wird Sie gehen lassen. Das Bewusstsein für diese Absicht ermöglicht es Ihnen, das zu bekommen, was der Zweck Ihrer inneren Kritik war, auf eine andere Weise als durch Entmutigung.

2. Wenn Sie einen speziellen Satz identifizieren, den Ihr innerer Kritiker wiederholt, und der bei Ihnen ein negatives Gefühl auslöst (z.B. "Du wirst nie etwas erreichen", "Du verdienst es nicht, glücklich zu sein"), tun Sie Folgendes. Sagen Sie diesen Satz in Ihrem Kopf genauso, aber machen Sie eine 2-sekündige Pause zwischen den Wörtern. Sagen Sie die Wörter normal und lassen Sie 2 Sekunden Pause zwischen ihnen. Sehen Sie, wie sich dies auf die Emotion des Dialogs auswirkt. Auf diese Weise brechen Sie das Muster, was dazu führt, dass die Botschaft ihre emotionale Ladung verliert. Gehen Sie dann einen Schritt weiter und sagen Sie sich denselben Satz, aber nur mit einer 4-sekündigen Pause. Wie fühlen Sie sich?

3. Ändern Sie die Betonung, die Lautstärke, die Geschwindigkeit und andere Untereinstellungen Ihres Dialogs. Sehen Sie, wie leises Flüstern, schnellere Geschwindigkeit oder eine monotone Betonung sich auf Sie auswirken. Wenn Sie negative Emotionen loswerden möchten, beobachten Sie, was passiert, wenn Sie die Intensität des Dialogs reduzieren, und wenn Ihr Ziel darin besteht, positive Energie zu fördern, tun Sie das Gegenteil. Testen Sie verschiedene Optionen und beobachten Sie Ihre Emotionen mit geschlossenen Augen. Sie können den Dialog auch vollständig ändern, indem Sie ihm die Stimme von Micky Maus oder Arnold Schwarzenegger geben, zum Beispiel. Spielen Sie mit diesem Prozess und wenn Sie die effektivsten Variationen der Kombination verschiedener Dialogparameter gefunden haben, merken Sie sie sich und verwenden Sie sie so oft wie möglich.

Dieser Punkt mag für einige etwas drastisch und vulgär sein, aber glauben Sie mir, er funktioniert einwandfrei. Und was tut man nicht alles für den Frieden des Geistes und das Wohlbefinden? Richard Bandler, der Gründer der NLP, sagte einmal, dass er ein spezielles Mantra hatte, das er jedes Mal benutzte, wenn er langweilige innere Dialoge hatte. Dieses Mantra lautet: "**Halt den Mund!**" und es muss mehrmals in Ihrem Kopf wiederholt werden, bis Sie eine tiefe Erleichterung verspüren, und Sie werden eine Stille in Ihrem Kopf verspüren, die nicht gestört wird ;).

4. Wenn Sie an Ihre Ziele denken, spielen Sie motivierende Musik ab, sei es ein energiegeladenes Lied, das sofort ein Gefühl unbegrenzter Motivation in Ihnen weckt. Sie können solche Musik in Kriegsfilmen finden, zum Beispiel. Wenn Sie Ihre Ziele mit dieser Art von Musik planen, ändern sich Ihre inneren Dialoge vollständig.

5. In negativen Gesprächen betonen Sie das Ende des Satzes so, dass es wie eine Frage klingt. Eine solche Betonung macht den Satz unsicher und entfernt die negative emotionale Botschaft. Auf der anderen Seite, in einem positiven Dialog, betonen Sie das Ende des Satzes, um ihn wie eine Anweisung klingen zu lassen. Die emotionale Botschaft ist dann stärker, und Sie fühlen sich noch besser :).

6. Externalisieren Sie Ihre inneren Dialoge. Mit anderen Worten, fangen Sie an, alles, was Sie denken, laut auszusprechen. Sprechen Sie Ihre Gedanken laut aus. Diese Übung wird Ihnen auf hervorragende Weise bewusst machen, was in Ihren Dialogen vorgeht, und Sie könnten sehr überrascht sein über den Inhalt dessen, was Sie hören. An sich wird dies eine lebensverändernde Erfahrung sein, da Sie erkennen werden, wie chaotisch es manchmal in Ihrem Kopf zugeht. Sie können weitergehen und sich entscheiden, die Dialoge für eine Weile in jedem beliebigen Kontext vollständig nach außen zu tragen (die Reaktionen anderer Menschen im Geschäft oder auf der Straße können dann sehr interessant sein ;), oder Sie können dies nur tun, wenn niemand um Sie herum ist. Es gibt auch eine andere Variante dieser Übung, bei der Sie anstelle den Inhalt des Dialogs laut auszusprechen, alles auf Papier schreiben können.

Es sieht so aus, als ob Sie viel Spaß mit Ihren inneren Dialogen haben werden. Probieren Sie die oben genannten Methoden aus und üben Sie sie kontinuierlich. Entdecken Sie, wie einfach Sie Ihre Emotionen verändern können. Fügen Sie die Punkte hinzu, die Ihnen am meisten gefallen, dauerhaft in Ihren Geist ein. Lassen Sie sie Ihnen dienen und Ihnen so viel Freiheit, Entspannung und Freude wie möglich in jedem Moment Ihres Lebens schenken!

Wie man sein eigenes Leiden lindert

Das alte Sprichwort sagt, dass wir unsere eigenen härtesten Kritiker sind. Es ist wahr, dass die meisten von uns sehr hart zu sich selbst sein können, insbesondere wenn wir das geringste Anzeichen dafür sehen, dass wir auf die eine oder andere Weise "nicht an unserem Platz" sind oder "den anderen nicht gerecht werden" - sei es in Bezug auf Leistungen, Karriere, Bildung, sozialen oder finanziellen Status, Beziehungen, äußeres Erscheinungsbild, usw. Selbst bei kleinen Fehlern neigen wir dazu, uns selbst zu tadeln, und noch mehr, wenn uns ein wirklich schwerwiegender Fehler passiert! Daher haben wir kein Mitgefühl für uns selbst.

Für die meisten Menschen ist es sehr schwer, wenn nicht sogar unmöglich, sich selbst mit Freundlichkeit und Güte zu behandeln und mit Freundlichkeit zu sich selbst zu sprechen. Einige lehnen sogar die Idee einer solchen Herangehensweise ab, als ob es etwas Schmerzhaftes oder Abstoßendes wäre. In diesem Kapitel werden wir uns damit befassen, was Selbstmitgefühl wirklich ist, warum es so entscheidend für unser Wohlbefinden ist und warum wir so gut im Selbstkritik sind, aber überhaupt nicht gut darin sind, nett zu uns selbst zu sein.

Die Fähigkeit, eine warmherzige Haltung sich selbst gegenüber zu pflegen, kann eine unverzichtbare Waffe im Kampf gegen psychische Probleme sein oder ein Ausgangspunkt für die Arbeit an spezifischeren Störungen sein. In jedem Fall, wenn Sie feststellen, dass Sie Ihr schärfster Kritiker sind, schließen Sie sich uns an, um von Selbstkritik zu Selbstfreundlichkeit zu wechseln.

Selbstmitgefühl (Selbstempathie) praktizieren, um das eigene Leiden zu lindern.
Wir verbinden Mitgefühl in der Regel mit einer Haltung gegenüber einer anderen Person, die Leiden, Schwierigkeiten oder Widrigkeiten erlebt. In letzter Zeit hat die Psychologie jedoch gezeigt, dass eine solche Haltung auch für sich selbst gilt. Selbstmitgefühl erweist sich als eine gesunde Haltung sich selbst gegenüber, ohne die negativen Konsequenzen, die beispielsweise mit einem hohen Selbstwertgefühl einhergehen können. Dieses Kapitel bietet eine Erklärung dieses Konzepts, betont die Unterschiede zwischen Selbstmitgefühl, Selbstmitleid und Selbstwertgefühl.

In jedem therapeutischen Prozess kommt der Moment, in dem man, indem man schwierige Themen, tiefe Verletzungen berührt, schwierige Emotionen zu spüren beginnt. Im Zusammenhang damit erleben wir, wovor wir normalerweise fliehen (was oft die Therapie notwendig macht) - den SCHMERZ.

Es gibt also einen sehr wichtigen Moment der Konfrontation mit emotionaler Schmerzen. Dieses Mal müssen wir versuchen, mit diesem Leiden zu bleiben. Wir wollen nicht mehr fliehen. Wir möchten, manchmal zum ersten Mal in unserem Leben, den mutigen Entschluss fassen, aufzuhören zu fliehen. Wir versuchen, die neu erlernten Werkzeuge zur Akzeptanz dessen anzuwenden, was auf uns zukommt. Traurigkeit, Panik, Verzweiflung, Wut, Hass... Das ist nicht einfach. Das erfordert eine gewisse Tapferkeit.

"Aber ich will nicht in Selbstmitleid verfallen!Ich habe Angst, dass es mich deprimiert, wenn ich anfange, mich selbst zu bemitleiden." Oder - "Wenn ich etwas falsch gemacht habe, sollte ich mich schlecht fühlen, ich verdiene es!".

Hier sind einige klassische Reaktionen auf die Empfehlung, sich in einer emotional schwierigen Situation mit Mitgefühl zu behandeln.
Viele von uns reagieren, wenn wir schwierige Emotionen (Traurigkeit, Angst, Wut usw.) empfinden, wenn wir versagen, einen Fehler machen, etwas Dummes oder Falsches tun, etwas Schwieriges durchmachen, mit Selbstkritik oder sogar Selbstgeißelung. Es ist interessant festzustellen, dass wir, wenn man uns fragt, ob wir einen Freund genauso behandeln würden, empört ausrufen: "Nie im Leben!".
Wenn ich mich also schlecht fühle, etwas falsch gemacht habe oder schwierige Emotionen durchlebe, anstatt Selbstmitleid zu empfinden, meinem inneren Kritiker nachzugeben und meine Traurigkeit, Angst, Wut oder emotionale Schmerzen zu unterdrücken, muss ich Selbstmitgefühl praktizieren und mich so behandeln, wie ich es bei einem besten Freund tun würde - mit großer Zärtlichkeit.

Selbstmitgefühl bedeutet, dass wir uns unserer Schmerzen bewusst sein müssen, egal welche. Es ist wichtig zu verstehen, dass Schmerz, auch wenn er schwer zu bewältigen ist, ein Teil der normalen menschlichen Erfahrung ist, kein Versagen unsererseits, und dass wir nicht allein in dieser Erfahrung sind. Selbstmitgefühl beinhaltet Freundlichkeit und Aufmerksamkeit gegenüber uns selbst, genauso wie wir es bei einer Person in Not tun würden. Es bedeutet auch, unsere Energie und Aufmerksamkeit darauf zu konzentrieren, was wir tun können, um unsere Situation zu verbessern und unseren Schmerz zu lindern. Selbstmitgefühl wird Ihnen helfen, die Fähigkeit zu entwickeln, in schwierigen Zeiten in Ihrem Leben eine wohlwollende Haltung gegenüber sich selbst einzunehmen.

Selbstmitgefühl ist nicht das Unterdrücken oder Leugnen von Emotionen.
Wir wollen keine schwierigen Emotionen fühlen - das ist verständlich. Aber das hindert uns nicht daran, sie zu fühlen. Tatsächlich brauchen wir sie, auch wenn sie unangenehm sind (wie Impfungen, gesunde Ernährung, Zahnarztbesuche...).

Manchmal haben wir aufgrund von Erfahrungen in unserer frühen Kindheit gelernt, uns selbst sehr zu kritisieren:

1. Wenn wir Angst haben, dass andere uns kritisieren
   Unser innerer Kritiker sagt uns: ("Es bringt nichts, sich selbst zu bemitleiden"),
2. Wenn wir Angst haben, dass sie sich über uns lustig machen
   Unser innerer Kritiker sagt uns: ("Es ist dumm, wegen einer solchen Sache zu weinen"),
3. Wenn wir Angst haben, dass sie nicht verstehen, was wir durchmachen
   Unser innerer Kritiker sagt uns: ("Komm schon, wovor hast du Angst"),
4. Wenn wir Angst haben, dass sie uns beschuldigen
   Unser innerer Kritiker sagt uns: ("Da läuft etwas schief bei dir. Du kannst nur dir selbst die Schuld geben, du hättest das oder jenes nicht tun sollen...").

Manchmal akzeptieren wir unsere schweren Emotionen nicht, weil wir denken: "Das ist dumm. Du bist kein Kind mehr, du solltest dich nicht so fühlen, und wenn doch, dann stimmt definitiv etwas nicht mit dir!" oder sogar "Du hast es verdient!"

Würden Sie so mit einem Freund in einer schwierigen Situation sprechen?
Wenn wir sie nicht akzeptieren und Angst haben, dass andere es auch nicht tun, unterdrücken wir, verleugnen wir und "brüten" innerlich. Unangenehme Emotionen verschwinden dadurch nicht, sie bleiben eine Quelle der Spannung, und die Spannung ist noch größer, wenn wir sie unterdrücken, verstecken oder uns selbst kritisieren.

SELBSTMITGEFÜHL - SICH NICHT IN SEINEN EMOTIONEN SUHLEN (SICH NICHT ENTSCHULDIGEN ODER SELBSTMITLEID EMPFINDEN)
Wenn wir uns stattdessen vollständig mit der aufkommenden Emotion identifizieren, uns von ihr überwältigen lassen, riskieren wir, den Rest der Realität aus den Augen zu verlieren.
Es kann vorkommen, dass wir es für einen Moment tun müssen - das passiert uns allen -, aber über einen längeren Zeitraum die Realität aus den Augen zu verlieren,

hilft nicht dabei, auf eine gesunde und glückliche Weise zu funktionieren. Wir versinken in Angst, Wut, Trauer, Eifersucht, sodass diese Emotionen zu einer Falle werden, die uns daran hindert, unsere schwierigen Lebenssituationen aus einer anderen Perspektive zu betrachten.

Es ist ein bisschen so, als ob Sie einem geliebten Menschen in einer schwierigen Situation sagen würden: "*Oh mein Gott, das ist so schrecklich, ich werde mich jetzt zu dir setzen und mit dir weinen, lass uns nichts tun, lass uns darin schwelgen*" und anfangen würden, Tränen zu vergießen. **Oder** "*Oh mein Gott, das ist so schrecklich, ich werde jetzt mit dir wütend werden, ich werde mich vollkommen von meiner Wut verzehren lassen, wir werden nichts anderes tun, als zusammen wütend zu sein*". Finden Sie das logisch und eine sehr gute Unterstützung? Natürlich nicht.

Also: Wie könnten wir unseren eigenen emotionalen Schmerz auf eine andere (gesündere) Weise bewältigen, als ihn zu unterdrücken und uns darin zu suhlen?

Wir sollten folgendermaßen vorgehen:
Indem wir sagen: Sehen Sie - etwas Schwieriges ist passiert ("Die Tatsachen sind, dass..."), ich erlebe DAS ("das ist, was Sie fühlen").

Und dann:
Behandeln Sie sich selbst mit Freundlichkeit, sagen Sie sich aufrichtig - als würden Sie es zu einem geliebten Menschen sagen - "Ich verstehe, du hast das Recht, dich so zu fühlen, jemand anders könnte sich in dieser Situation genauso fühlen; was kann ich für dich tun?".

SELBSTMITGEFÜHL - WARUM?
Wie die jahrelange wissenschaftliche Forschung von Dr. Kristin Neff zeigt, hat die Praxis des Selbstmitgefühls genau diese Auswirkungen. Und noch mehr, sie macht uns zu besseren Lernenden und kreativer, auch bei der Bewältigung von Schwierigkeiten.

Das ist nicht überraschend: Wenn wir uns sicher fühlen, anstatt in den Überlebensmodus zu wechseln, können wir all unsere Ressourcen nutzen. Menschen, die sich gut und sicher fühlen, können ihre Aufmerksamkeit und Energie auf tiefere Analysen, das Lernen und die Kreativität lenken - Aktivitäten, die im Überlebensmodus blockiert sind.

SELBSTMITGEFÜHL - WIE PRAKTIZIEREN?

Zum Beispiel: Treffen Sie eine Entscheidung und sagen Sie zu sich selbst: "Ich möchte mir selbst gegenüber freundlich sein in allem, was ich erlebe - Scham, Trauer, Angst, Wut - genauso wie ich es bei einem Freund wäre; Ich werde mich nicht belästigen, sondern mir selbst Unterstützung sein.".

1. Denken Sie daran, dass wir alle die gleichen Bedürfnisse haben, dass wir alle schwierige Zeiten durchleben, dass wir alle unvollkommen sind, Fehler machen, Dummheiten machen, uns selbst und andere im Stich lassen, machtlos sein können. Wir alle haben das - Menschen sind so - aber wir gestehen es uns nicht immer ein, weil wir Angst vor Ablehnung und Kritik haben. Aber würden Sie einen Freund ablehnen, weil er schwierige Zeiten/Emotionen/Ereignisse in seinem Leben durchmacht? ☺ .

Wie man Stress abbaut

Hast du jemals Lust gehabt, nach einem stressigen Tag ein Bier oder ein Glas Wein zu trinken? Alkohol als Antwort auf Stress kann wie eine einfache Möglichkeit erscheinen, sich zu entspannen, und du denkst vielleicht wirklich, dass Alkohol ein chemisches Beruhigungsmittel ist. Aber auf lange Sicht bringt das nichts.

Denn Alkohol verschlimmert den Stress.
Alkohol stört das empfindliche Gleichgewicht der Hormone und Prozesse in Ihrem Gehirn, beeinflusst Ihre Gedanken, Gefühle und Handlungen - und manchmal auch Ihre langfristige geistige Gesundheit. Selbst wenn Sie denken, dass ein Glas Ihnen helfen kann, sich zu entspannen, kann das regelmäßige Trinken, um mit Stressgefühlen umzugehen, langfristig diejenigen Dinge stören, die Ihr Gehirn für eine gute geistige Gesundheit benötigt, und Ihren Schlaf beeinträchtigen, wodurch der Umgang mit Stress schwieriger wird.

Wie man Stress ohne Alkohol bewältigen kann? Alkoholkonsum zur Linderung von Stress wirkt langfristig nicht. Aber da stressige Ereignisse über einen längeren Zeitraum andauern, kann übermäßiger Alkoholkonsum zu medizinischen und psychologischen Problemen führen und das Risiko für alkoholbezogene Störungen erhöhen. Es gibt weitaus effektivere Möglichkeiten, mit Stressgefühlen umzugehen, und das werden Sie in diesem Kapitel erfahren.

Wie man mit Stress umgeht?

Es gibt viele Antworten auf die Frage "Wie geht man mit Stress um?" In der Regel handelt es sich um einfache, zielgerichtete und oft leider kurzfristige Techniken, um Stress abzubauen. In diesem Buch habe ich beschlossen, diese Frage genauer zu beleuchten. Daher werde ich hier nicht die kurzfristigen Möglichkeiten zur Stressbewältigung beschreiben. Stattdessen konzentriere ich mich auf die wichtigsten Ansätze und langfristigen Maßnahmen, die Sie ergreifen können, um Stress vollständig aus Ihrem Leben zu beseitigen. Wenn Sie jedoch derzeit nach einfachen Techniken suchen, um den täglichen Stress abzubauen, finden Sie ein spezielles Kapitel mit Tipps zur Stressbewältigung.

Warum sollten wir Stress loswerden?

Aus evolutionärer Sicht benötigen wir Stress in lebensbedrohlichen Situationen. Wenn sich eine Gefahr zeigt, mobilisiert sich unser gesamter Körper in einer

"Kampf- oder Flucht"-Strategie. Adrenalin schärft unsere Sinne und erhöht unsere Überlebenschancen.

Da alle Energie auf die Aktivierung der für den Kampf oder die Flucht erforderlichen Muskeln gerichtet ist, werden andere weniger wichtige Funktionen unseres Körpers vorübergehend ausgesetzt. Dies ist kein Problem, wenn die stressige Situation nach einer gewissen Zeit endet.

Es wird schlimmer, wenn ein gewisses Maß an Stress lange Zeit in unserem Körper anhält. Unser Immunsystem wird immer schwächer, da es nicht genug Kraftstoff hat. Der Körper erhält ständig Signale, dass er auf die "Gefahr" vorbereitet sein muss. Und der Körperwiderstand gegen Viren oder Bakterien hat in diesem Überlebenskampf keine Priorität - diese Funktionen unseres Körpers bleiben länger deaktiviert.

Deshalb ist Stress eine der häufigsten Krankheiten des 21. Jahrhunderts. Laut Forschungen der American Psychological Association werden heute fast 90 % aller Krankheiten direkt oder indirekt durch Stress verursacht.

Diese ursprünglich so wichtige und notwendige Reaktion unseres Körpers ist durch die vielfältigen Erkrankungen der modernen Zivilisation zu unserem größten Verlust geworden. Wir machen uns über viele Dinge Sorgen, die nichts mit der Bedrohung unseres Lebens zu tun haben. Die wissenschaftliche Organisation APA (American Psychological Association) führte eine Studie durch, in der sie die Faktoren identifizierte, mit denen wir am häufigsten konfrontiert sind. Hier sind die Ergebnisse dieser Studie:

- ⇒ Geld (78 % der Befragten)
- ⇒ Hausarbeiten (67 % der Befragten)
- ⇒ Beschäftigung (60 % der Befragten)
- ⇒ Gesundheit (56 % der Befragten)
- ⇒ Beziehungen (56 % der Befragten)
- ⇒ Terrorismus (43 % der Befragten)

Zu dieser Zeit kannte ich Psychologie, Persönlichkeitsentwicklung und Methoden zur Arbeit an Emotionen und Überzeugungen nicht. Ich hatte keine Ahnung, wie ich mit dem Stress umgehen sollte, der mich von innen heraus auffraß. Mein Weg, mich von diesen zerstörerischen Zuständen zu befreien, dauerte etwa 2 Jahre und erforderte ziemlich intensive Selbstarbeit. Ich denke jedoch, dass Sie Stress in kürzerer Zeit bewältigen können - wenn Sie das Wissen haben, das mir fehlte, als ich versuchte, mit Stress umzugehen. Im Rückblick kann ich drei Schlüsselbereiche identifizieren, in denen es sich lohnt, an Stress zu arbeiten:

1. **Die Umgebungsebene** (Umgebung, Menschen, Lebensstil)

Zu dieser Zeit kannte ich Psychologie, Persönlichkeitsentwicklung und Methoden zur Arbeit mit Emotionen und Überzeugungen nicht. Ich hatte keine Ahnung, wie man mit dem Stress umgeht, der mich von innen zehrte. Mein Weg, um mich von diesen zerstörerischen Zuständen zu befreien, dauerte etwa 2 Jahre und erforderte ziemlich intensive Selbstarbeit. Ich denke jedoch, Sie können Stress in kürzerer Zeit bewältigen - wenn Sie über das Wissen verfügen, das ich nicht hatte, als ich versuchte, mit Stress umzugehen. Im Rückblick kann ich drei Schlüsselebenen identifizieren, auf denen es sich lohnt, an Stress zu arbeiten:

2. **Die Umgebungsebene** (Umfeld, Menschen, Lebensstil)
3. **Die Körperebene** (Physiologie, Muskelspannung, Stresshormonspiegel)
4. **Der Geist :** Die dritte Ebene des Geistes, die sich unterteilt in:
   - **Die Glaubenssätze** (was Sie glauben und wie Sie denken).
   - **Die Denkgewohnheiten** (was täglich in Ihrem Kopf passiert).

Es ist schwer zu sagen, welches dieser Ebenen am wichtigsten ist. Ich denke, das hängt stark von der Person ab. Ich habe intuitiv das Gefühl, dass die körperliche Ebene für mich entscheidend war. Die regelmäßige Anwendung von Entspannungsübungen hat es mir ermöglicht, das Standardniveau der Muskelspannung und die Menge an Stresshormonen, die ausgeschüttet werden, "umzuprogrammieren", was es mir sehr leicht gemacht hat, an meinen Überzeugungen und mentalen Gewohnheiten zu arbeiten. Lassen Sie uns mit dieser am meisten unterschätzten Ebene beginnen.

1. <u>Die Umgebungsebene</u> :

Alles, was um uns herum passiert, ist viel wichtiger, als wir denken. In persönlichen Entwicklungszyklen glaubt man, dass die äußere Welt nur von marginaler Bedeutung ist und dass das, was in unserem Kopf passiert, immer akzeptiert wird. Das stimmt nicht ganz.

Die Vernachlässigung unserer Umgebung und unseres Lebensstils kann tatsächlich unsere innere Arbeit effektiv behindern. Ich habe dies während meiner ersten Reise nach Asien erlebt. Als ich es geschafft habe, mich für eine längere Zeit (2 Monate) von der städtischen Umgebung zu entfernen, habe ich bemerkt, dass sich mein innerer Zustand erstaunlich klar verändert hat, ohne dass ich an meiner Denkweise gearbeitet habe. Die natürliche Umgebung, die allgegenwärtige Ruhe, der Raum und die Menschen mit unterschiedlichen Werten - all das hat eine tiefere innere Ruhe ausgelöst, die ich zuvor in meinem Kopf nicht gekannt hatte. Ob wir es wollen oder nicht, wie wir täglich leben, wohin wir gehen und mit wem wir ausgehen - all das beeinflusst unsere Gefühle und Emotionen. Deshalb muss man, um die Antwort auf die Frage "Wie geht man mit Stress um?", auf das schauen, was um einen herum geschieht:

- Ist der Ort, an dem Sie leben, ruhig? Wird Ihre Ruhe von Nachbarn oder Straßenlärm gestört?
- Die Menschen, mit denen Sie leben und die Sie bei der Arbeit treffen, füllen Sie mit Energie oder rauben sie Ihnen? Akzeptieren sie Sie so, wie Sie sind, oder erwarten sie, dass Sie jemand anderes sind?
- Ermöglicht Ihnen die von Ihnen gewählte Lebensweise, alle Ihre Bedürfnisse zu erfüllen? Haben Sie ein Gefühl von Balance und Harmonie? Ruhen Sie sich aus, gehen Sie spazieren, betreiben Sie Ihr Hobby? Entscheiden Sie sich dafür, Ihr Leben zu durchqueren, ohne das zu vergessen, was Ihnen wichtig ist?
- Haben Sie täglich Kontakt zur Natur oder leben Sie in einer Betonwelt ohne Grün?

Auf den ersten Blick haben die oben stehenden Fragen vielleicht wenig mit Stress zu tun. Die Wahrheit ist jedoch, dass sie damit zu tun haben und wichtig sind. Stress besteht aus vielen verschiedenen Faktoren, und für viele von uns können schon ein oder zwei einschränkende Umweltfaktoren einen großen Unterschied machen.

Veränderung in diesem Bereich erfordert manchmal schwierige Entscheidungen (Jobwechsel, Partnerwechsel, Umzugswechsel, Lebensstilwechsel), aber es lohnt sich nicht, es aufzuschieben.

Daher nehmen Sie sich einen Moment Zeit, um über diese Fragen nachzudenken und nennen Sie die Elemente Ihrer Umgebung und Ihres Lebensstils, die sich als Ihre Stressoren (Stressfaktoren) erweisen.

Ich möchte betonen, wie wichtig es ist, in der Natur zu sein. Zahlreiche Studien zeigen, dass Menschen, die Zeit im Grünen verbringen, einfach glücklicher sind. Eine konkrete Entgiftung und ein Ausflug in den Wald tun Wunder für unser Stressniveau.

2. Auf körperlicher Ebene :

Wenn wir Stress empfinden, spannen sich unsere Muskeln an. Diese Spannung ist eine natürliche und notwendige Reaktion, wenn wir einer lebensbedrohlichen Situation gegenüberstehen. Wenn wir jedoch regelmäßig gestresst sind, verlassen unsere Muskeln nie die Spannungsphase. Dies ist oft eine Quelle für Schmerzen und chronische Müdigkeit.

Wenn dieser Zustand Monate oder sogar Jahre andauert, gewöhnen wir uns daran.
Ein gewisses Maß an erhöhtem Muskeltonus wird zum Standardgrundniveau in unserem täglichen Leben (unser Körper hat auch seine eigenen Gewohnheiten, von denen eine darin besteht, einen gewissen Muskeltonus aufrechtzuerhalten). Wir hören auf zu bemerken und vergessen, dass unser Körper die meiste Zeit entspannter sein könnte.

Es gibt viele spezielle Methoden, um den Körper von Spannungen zu befreien. Die beliebtesten sind Massagen, Tanzen, Yoga und warme Bäder. Ich praktiziere regelmäßig die Technik der emotionalen Befreiung (EFT), Yoga und Tiefenmeditation, und ich mag, wie sie die in meinem Körper angesammelten Spannungen lösen. Es ist hilfreich, diese Praktiken regelmäßig anzuwenden, um den regelmäßig aufgebauten Stress abzubauen, aber dies reicht oft nicht aus, um das Problem nachhaltig zu behandeln. Um die destruktive Angewohnheit, den Körper gespannt zu halten, einmal und für alle zu durchbrechen, muss diese Gewohnheit "umprogrammiert" werden. Tun Sie etwas, das die Menge an Spannung in Ihrem Körper reduziert. Deshalb werde ich in diesem Buch im letzten Kapitel über die EFT sprechen, eine großartige Technik, die einfach zu erlernen und anzuwenden ist.

Wie geht man vor?

Als ich mich für persönliche Entwicklung zu interessieren begann, hatte ich noch zwei Jahre Zeit, um meinen Abschluss zu machen. In der Schule wurden wir davor gewarnt, was passieren würde, wenn wir diese Prüfung nicht mit guten Noten bestehen würden. Ich muss nicht erwähnen, wie sehr mich das gestresst hat. Auf der Suche nach Möglichkeiten, mit diesem Stress umzugehen, entdeckte ich damals etwas völlig Neues für mich. EFT und Entspannungsübungen. Ich beschloss, es auszuprobieren, und begann zu experimentieren.

Anfangs war es nicht einfach. Ich konnte nicht immer ein entspanntes Gefühl erreichen, und mein Geist war unruhig. Dennoch übte ich hartnäckig Tag für Tag (15 Minuten pro Tag), und die Effekte begannen langsam zu erscheinen. Ich bemerkte, dass ich in einen Entspannungszustand eintreten konnte, den ich zuvor nie erlebt hatte.

Ich wusste nicht einmal, dass man sich so entspannt fühlen kann. Es war großartig. Mein Körper hat sich komplett abgeschaltet - zu einem Zeitpunkt während der Entspannungsübungen habe ich aufgehört, meine Arme und Beine zu spüren. Ich habe auch bemerkt, dass ich während dieser Übungen tief entspannt war, was für mich eine zusätzliche Motivation war - Entspannung war für mich, was Kaffee oder ein Energydrink für jemand anderen war.

Natürlich hatte das einen positiven Einfluss auf mein Stressniveau. Ich habe Tag für Tag monatelang Entspannungsübungen gemacht, bis mein Stress fast vollständig verschwunden war. Das lag wahrscheinlich nicht nur an den Übungen, denn ich habe auch an dem gearbeitet, was in meinem Kopf vorging. Es besteht jedoch kein Zweifel daran, dass ich ohne diese Übungen niemals so deutliche Ergebnisse erzielt hätte.

Nach einer Weile bemerkte ich den zusätzlichen Nutzen dieser Praxis. Es stellte sich heraus, dass ich die Fähigkeit erworben hatte, meine Muskeln bewusst zu entspannen. Wenn ich mich angespannt fühlte, schloss ich einfach die Augen und erinnerte mich an den Körperentspannungsprozess, der Teil der Entspannungsübungen war. Die Spannung löste sich in wenigen Augenblicken auf. Es erforderte keine geistige Übung wie Visualisierung oder Affirmation. Es war meine bewusste Handlung, wie das Heben der Hand oder das Gehen.

Ich ermutige Sie, sich die Gelegenheit zur Entspannung zu geben. Ihr Körper wird es Ihnen eines Tages danken.

Im Kapitel über Entspannung habe ich zwei verschiedene Entspannungsübungen beschrieben. Zuerst möchte ich Sie ermutigen, die Jacobson-Entspannung auszuprobieren, bei der Sie gezielt die folgenden Muskelgruppen im ganzen Körper anspannen und dann bewusst entspannen. Auf diese Weise können Sie leichter eine tiefe Entspannung erreichen als durch Konzentration allein.

3. Geistesebene :

A) Glaubenssätze :

Die Quelle von Stress liegt weitgehend in der Art und Weise, wie Sie Ihre eigene Realität interpretieren. Ihre Interpretationen werden durch Glaubenssätze ausgedrückt, das heißt, durch Gedanken und Überzeugungen, an die Sie glauben. Im Fall von Stress handelt es sich meistens um Glaubenssätze über die Zukunft. Sie sind die Ursache für düstere Szenarien, das heißt, negative Vorstellungen darüber, was passieren wird.

Zum Beispiel, wenn Sie sicher sind, dass Ihr Leben zu einer Serie von Unglücken wird, wenn Sie die Prüfung nicht bestehen (Ihren Führerschein, Ihr Vorstellungsgespräch...), ist es nicht überraschend, dass Sie vor der Prüfung gestresst sind. Sie sehen darin eine potenzielle Bedrohung für Ihr Wohlbefinden, und daher löst Ihr Körper eine Reaktion aus, die es Ihnen ermöglichen soll, dieser Gefahr entgegenzutreten.

Wenn Sie denken, dass es Ihnen egal ist, was Sie tragen oder sagen, wenn Sie auf ein attraktives Mädchen zugehen, ist es nicht überraschend, dass Sie gestresst sind.

Ihre Überzeugungen beeinflussen direkt die Menge an Stress, die Sie jeden Tag erleben. Hier sind die Überzeugungen, die oft eine Quelle für chronischen Stress sind:

- Das Leben ist schwer
- Meine Zukunft ist nicht bunt
- Nichts kommt aus meinem Leben heraus
- Die Welt ist kein sicherer Ort
- Ich kann es nicht alleine machen
- Die Menschen sind hinterlistig und wollen mich ausnutzen
- Ich werde wahrscheinlich meinen Job verlieren
- Ich werde niemals jemanden für mich finden.

B) Mentale Gewohnheiten:

Manchmal, unabhängig von dem, was wir glauben, kommen verschiedene destruktive Stimmen und Bilder in unseren Kopf. Dies sind in der Regel Erbstücke von unseren Eltern oder Überreste von Momenten, in denen wir uns in schwierigen Situationen befunden haben.

Die beiden häufigsten und zerstörerischsten mentalen Gewohnheiten, die täglichen Stress verursachen, sind Selbstkritik und die Erschaffung von düsteren Szenarien.

Selbstkritik äußert sich normalerweise in Form eines kritischen inneren Dialogs, während schwarze Szenarien Ideen über die Zukunft sind, in denen alles schief geht. Wenn wir diese selbstzerstörerischen Gewohnheiten gleichzeitig erleben, kann unser Stresslevel sehr hoch steigen.

Ich denke, ich muss Ihnen nicht sagen, dass unsere Gedanken unsere Gefühle direkt beeinflussen. Manchmal kann schon ein einziger Satz, der von unserem inneren Kritiker ausgesprochen wird oder ein kleiner Film, der auf der Leinwand unseres Geistes abläuft, zu einem erheblichen Anstieg des Cortisols (Stresshormons) führen. Ich erinnere mich, als ich begann, die Funktionsweise von Stress in meinem Körper zu beobachten, wurde mir dieses Faktum sehr klar. Manchmal reichte ein einziger Gedanke aus, um eine unangenehme Kontraktion in meinem Magen auszulösen.

Um mit Stress umzugehen, indem Sie an Ihren mentalen Gewohnheiten arbeiten, müssen Sie zunächst verstehen, dass diese innere Stimme und diese zukünftigen Gedanken einen Zweck haben. Dies sind Strategien, die von bestimmten Teilen unserer Persönlichkeit verwendet werden.

C) Ein innerer Kritiker :

Im Falle eines inneren Kritikers ist das Ziel dieses Teils von uns in der Regel, uns zur Handlung zu motivieren. Die meisten von uns haben diese Motivationsstrategie von Eltern gelernt, die dachten, sie könnten uns durch Kritik dazu bringen, besser in der Schule zu arbeiten. Die Botschaft, die hunderte Male von unserer Autorität wiederholt wurde, wurde schließlich zu unserer mentalen Gewohnheit. Unser innerer Kritiker setzt die Arbeit unserer Eltern fort - er betont unsere Fehler, um uns wirklich zur Handlung zu motivieren.

Natürlich tut er dies auf sehr ungeschickte Weise (der Effekt ist umgekehrt). Wenn wir jedoch anstatt diesen Teil unserer Persönlichkeit zu leugnen, versuchen, ihn zu verstehen und ihm einen anderen Weg zur Erreichung seines Ziels anzubieten (zum Beispiel, indem wir andere Möglichkeiten zur Selbstmotivation erlernen), wird der Kritiker sicherlich aufhören, so zerstörerisch zu sein. Für viele mag die Vorstellung, sich mit einem inneren Kritiker zu arrangieren, absurd erscheinen, aber aus meiner Erfahrung als Coach weiß ich, dass dies möglich ist und oft viel einfacher, als Sie denken.

Wie man aufhört, sich selbst zu kritisieren:

Sich selbst zu kritisieren ist das Ergebnis automatischer Denkgewohnheiten. Wenn wir uns selbst verstehen und unsere eigenen Handlungen verstehen, finden wir immer einen einfachen Grund für unser Scheitern: "Ich bin schlecht". Erfahren Sie, wie Sie Ihren inneren Kritiker loswerden. Und eine Überraschung am Ende dieses Kapitels!

Beispiel: "Ich bin verzweifelt, weil ich seit einem Jahr keinen Englischkurs mehr besucht habe."

So fasste Benjamin, der vor zwei Monaten zu mir zum Coaching kam, sein Problem zusammen. Er hatte beschlossen, seine gesamte Persönlichkeit auf der Grundlage eines einzigen unerreichten Ziels zu beurteilen. Er wusste nicht, warum er sich nicht wirklich dazu entschieden hatte, den Kurs zu besuchen - er schloss daraus, dass es wahrscheinlich daran lag, dass er einfach dumm und hoffnungslos war.

Es ist erstaunlich, wie unser Geist manchmal Abkürzungen nimmt. Wenn wir den wahren Grund für unser Versagen nicht verstehen, ist es leicht, uns selbst kritisch zu beurteilen: "Ich bin zu dumm", "Ich werde nie erfolgreich sein", "Das ist nichts für mich".

Was Benjamin vergessen hat, ist, dass unsere Handlungen das Ergebnis unserer unbewussten Entscheidungen sind. Das bedeutet, dass wir oft nicht bewusst genau sagen können, warum wir gehandelt haben, wie wir es getan haben. Wir neigen dazu, Entscheidungen automatisch und ohne großes Nachdenken zu treffen.

Benjamin und ich begannen darüber nachzudenken, warum er sich entschieden hatte, sich nicht für einen Englischkurs anzumelden. Es stellte sich heraus, dass er viele andere Aktivitäten in seinen Plänen hatte, die immer höher auf seiner Prioritätenliste standen: Entwicklung seines eigenen Online-Shops; Zeit mit seiner Freundin verbringen; Bücher über persönliche Entwicklung lesen; ... und vieles mehr. Unbewusst betrachtete er die oben genannten Aktivitäten als wichtiger und attraktiver und wählte sie anstelle des Sprachenlernens. Als er verstand, dass das Problem nicht darin bestand, dass er "dumm" oder "faul" war, sondern eine einfache Frage der Prioritäten war, hörte er auf, sich selbst zu kritisieren.

Warum sich selbst kritisieren, wenn man seine Handlungen versteht? Das Verstehen der wahren Gründe für unsere Handlungen ermöglicht es uns, uns selbst besser zu verstehen. Dies führt zu einer besseren Selbstkenntnis, die das Ende der Selbstkritik markiert und die Grundlage dafür bildet, im Einklang mit sich selbst zu sein (der Schlüssel zum Selbstwertgefühl!). Ihr Fehlen kann alle Ihre Handlungen lähmen. Um Ihre Entscheidungen und Handlungen auf natürliche Weise zu verstehen, können Sie sich eine gute Coaching-Frage stellen. Denken Sie an ein Ziel, das Sie nicht erreicht haben, oder an einen Bereich Ihres Lebens, mit dem Sie nicht vollständig zufrieden sind. Dann fragen Sie sich:

- Welche Entscheidungen haben mich an diesen Punkt geführt?
- Wo befinde ich mich jetzt?

Denken Sie darüber nach, wie Sie sich (auch unbewusst) dorthin gelenkt haben, wo Sie gerade sind. Was haben Sie damals anders entschieden, was haben Sie anders getan, um nicht dorthin zu gelangen, wo Sie hinwollten?

Indem Sie diese Frage beantworten:

1. Sie übernehmen die Verantwortung für die Entscheidungen, die Sie in der Vergangenheit getroffen haben. Dies ist der beste Weg, um aufzuhören, sich selbst zu sabotieren und sich selbst und Ihre Identität ("Ich bin ein Idiot") zu kritisieren, und sich stattdessen auf Ihre Entscheidungen und Handlungen zu konzentrieren (was Ihnen die Möglichkeit gibt, beim nächsten Mal unterschiedliche Verhaltensweisen zu wählen).

2) Sie erweitern auch Ihr Bewusstsein und Ihr Verständnis dafür, wie Sie an diesen Punkt in Ihrem Leben gekommen sind und was Ihre nächsten Entscheidungen Ihnen bringen könnten.

D) Die düsteren Szenarien :

Die Vorteile der Bewältigung von düsteren Szenarien wurden bereits durch Forschung bestätigt. In einer Studie bemerkte die Hälfte der untersuchten Personen, nachdem sie einfache Möglichkeiten gelernt hatten, mit der Gewohnheit, düstere Szenarien zu imaginieren, eine deutliche Verringerung ihrer chronischen Kopfschmerzen.

Pessimistische Ideen über die Zukunft werden auch von dem Teil von uns erzeugt, der unser Bestes will. Das Ziel dieses Teils besteht in der Regel darin, uns Sicherheit zu bringen, indem er Szenarien zeigt, gegen die es sich lohnt, sich zu verteidigen. Daher besteht der Hauptwert dieses Teils unserer Persönlichkeit in der Sicherheit.

Natürlich sind die Auswirkungen, wie im Fall der Kritik, ziemlich gering. Wenn wir gestresst sind, fällt es uns schwer, uns auf alle Eventualitäten vorzubereiten. Daher sollte hier auch untersucht werden, wie wir ein Gefühl der Sicherheit gewährleisten können, um den Zweck dieses Teils unseres "Ichs" zu erfüllen.

Am wichtigsten ist es, diese unangenehmen Vorstellungen nicht als etwas zu behandeln, das man so schnell wie möglich loswerden muss.

Wir wissen nur allzu gut, dass je mehr wir versuchen, sie aus unseren Köpfen zu vertreiben, desto mehr bleiben sie bei uns. Daher, das nächste Mal, wenn Ihr Kopf von pessimistischen Zukunftsvisionen dominiert wird, öffnen Sie sich für sie, akzeptieren Sie sie alle, betrachten Sie sie mit Zustimmung und fragen Sie sich dann: "Was kann ich tun, um ein solches Szenario zu vermeiden?"

Wenn Sie diese Frage gestellt haben, notieren Sie auf einem Blatt Papier drei Dinge, die Sie tun können, um sicherzustellen, dass die Geschichte des düsteren Szenarios nicht Realität wird. Setzen Sie dann diese drei Dinge um. Wenn Sie es nicht tun, wird das Bedürfnis nach Sicherheit nicht befriedigt, und die dunklen Szenarien können schnell zurückkehren.

Manchmal, trotz der unternommenen Maßnahmen, um sich mit diesen destruktiven Teilen unserer Persönlichkeit zu versöhnen, verschwinden die Denkgewohnheiten nicht und bleiben eine Quelle von Stress in unserem täglichen Leben. Einige von ihnen sind tief in uns verwurzelt und haben keine tiefere Bedeutung, keinen anderen Hintergrund. Vielleicht sind sie zu einem bestimmten Zeitpunkt in unser Blut eingedrungen und ein integraler Bestandteil unseres Lebens geworden. In dieser Situation lohnt es sich, Methoden zu suchen, mit denen Sie jeden negativen und pessimistischen Gedanken in Ihrem Kopf neu programmieren können.

Meditation und Achtsamkeit

Auf geistiger Ebene haben wir eine weitere zuverlässige Methode zur Stressbewältigung, die so effektiv ist, dass sie leicht als einzige Möglichkeit zur Arbeit an diesem Problem eingesetzt werden könnte. Das ist natürlich die Meditation und die Praxis der Achtsamkeit. Das effektive Üben von Meditation "entkoppelt" uns von tief verwurzelten Überzeugungen, an die wir so stark glauben, und ermöglicht es uns auch, einen besseren Einfluss auf unsere Gedanken zu nehmen, mit denen wir zerstörerische Denkgewohnheiten effektiver durchbrechen können.

Ich praktiziere seit über zwei Jahren täglich Meditation, und die Wirkung dieser Übungen auf mein inneres Gefühl des Friedens kann nicht genug betont werden..

Wie meditiert man??

Wenn Sie sich immer noch nicht sicher sind, wie man meditiert, und Sie offen für neue Erfahrungen sind, ermutige ich Sie, es zu versuchen.

Anweisungen für die Meditation:

1. Setzen Sie sich in eine bequeme Position, um Ihren Geist und Ihren Körper zu entspannen.

2. Halten Sie Ihr Gesicht, Ihren Nacken und Ihren Rücken jederzeit gerade.

3. Schließen Sie langsam die Augen.

4. Atmen Sie tief ein und aus, dann wiederholen Sie dies dreimal und atmen Sie dann normal und natürlich weiter.

5. Richten Sie Ihre Aufmerksamkeit auf den Atem unter Ihrer Nase oder Ihren Lippen während dieser Zeit.

6. Versuchen Sie, in diesem Moment präsent zu sein.

7. Machen Sie Ihren Geist ruhig, indem Sie lächeln.

8. Seien Sie präsent und achten Sie vollständig auf Ihre Atmung. Beobachten Sie Ihre Atmung und wissen Sie, ob sie lang oder kurz, kühl oder warm ist. Wenn Sie einatmen, sagen Sie "einatmen", und wenn Sie ausatmen, sagen Sie "ausatmen". Beachten Sie, was in Ihrem Körper und Geist ständig passiert.

9. Lassen Sie jeden von Ihnen von der Meditation profitieren, indem Sie in Ihrem Leben ruhiger sind.

Schließen Sie Ihre Augen und denken Sie an eine stressige Situation. Stellen Sie sich vor, wie dieser Stress in Ihrem Körper aussieht. Wie ein schwarzer Punkt? Wie ein schwerer Stein? Wie warme Gelee? Betrachten Sie es sorgfältig, denn gleich werde ich Ihnen eine äußerst effektive Technik vorstellen, um negative Emotionen wie Stress, Ärger, Bedauern usw. schnell loszuwerden. Es stellt sich heraus, dass der menschliche Geist eine visuelle Darstellung jeder dieser Emotionen hat. Wenn Sie diese Darstellung ändern, ändert sich auch die Emotion. Bereiten Sie sich also auf eine angenehme Erfahrung und Arbeit vor!

Die untenstehende Technik basiert auf dem, was als **"Submodalität in NLP"** bezeichnet wird. Sie beschreibt die feinsten Elemente, die das Gehirn zur Codierung einer Erfahrung verwendet. So kann ein gedachtes Bild sehr nah oder sehr fern, klein oder groß, dunkel oder hell usw. sein. Die Beherrschung dieser Submodalitäten ist absolut entscheidend, um die weiteren Techniken zur persönlichen Veränderung zu meistern, die Sie im weiteren Verlauf dieses Programms finden werden.

Kurz gesagt handelt es sich um die Parameter der Bilder, die wir in unserem Kopf erstellen. Das Bild kann groß oder klein, hell oder dunkel, farbig oder schwarzweiß sein. Es kann von lauten oder leisen Geräuschen begleitet sein, ebenso wie von dem Gefühl, dass etwas schwer oder leicht ist. Diese Beispiele zur Unterscheidung der Parameter von Bildern, Klängen und Empfindungen sind Submodalitäten.

Durch die Änderung dieser Submodalitäten können Sie Ihre Emotionen verändern. Ihr Geist codiert irgendwie jede Emotion, die in Ihrem Körper auftritt. Er hat eine visuelle Darstellung dieser Emotionen. Selbst wenn Sie sich dieser Darstellungen derzeit nicht bewusst sind, werden Sie während dieser Übung in der Lage sein, genau zu bestimmen, wie die Emotion aussieht, mit der Sie arbeiten.

Es ist interessant festzustellen, dass jede Person eine völlig andere Vorstellung von Stress und anderen negativen Emotionen hat. Bei jedem erfolgt die Veränderung auf unterschiedliche Weise, aber das Ergebnis ist immer dasselbe: ein Gefühl von Frieden, Erleichterung und Entspannung.

Bei dieser Übung konzentrieren Sie sich so gut wie möglich auf Ihr inneres Selbst und beobachten, was in Ihrem Körper passiert - das ist der Schlüssel, um zu lernen, wie man Stress loswird. Die Emotion, mit der Sie arbeiten, kann alles Mögliche sein - manchmal ist es ein schwarzer Punkt in der Mitte Ihres Körpers, manchmal ein grauer Ball, manchmal ist es ein sich bewegendes Metallstück oder unangenehmer Sand. Seien Sie offen für diese Erfahrung und notieren Sie auf einem Blatt Papier jede visuelle, auditive und kinästhetische (körperliche) Eigenschaft dieser Emotion.

Hier ist eine Beschreibung dieser Technik:

1. Bestimmen Sie nun, wie genau dieses Gefühl aussieht. Denken Sie zuerst an seine Form? Ist es fest, flüssig oder gasförmig? Wovon handelt es? Verwenden Sie dann die Liste der Untermodule unten:
   - **Visuell:** Form (Kugel, Quadrat, keine bestimmte Form, ... ?), Größe (zeigen Sie mit den Händen), Farbe, bewegt es sich (wenn ja, wie, in welche Richtung?).

2. Bestimmen Sie jetzt, wie genau diese Emotion aussieht. Denken Sie zuerst an ihre Form? Ist sie fest, flüssig oder gasförmig? Wovon handelt es sich? Verwenden Sie dann die folgende Liste der Submodalitäten:
   - **Visuelle:** Form (Kugel, Quadrat, keine Form, ... ?), Größe (mit Händen markieren), Farbe, Bewegt es sich (wenn ja, wie, in welche Richtung?).

3. Nehmen Sie dann dieses Gefühl mit Ihrer Hand und entfernen Sie es aus Ihrem Körper, indem Sie es vor sich platzieren. Wenn die Emotion vor Ihnen ist, beeinflusst sie Sie nicht mehr.

4. Ändern Sie jede Submodalität dieses Gefühls in diejenige, die am besten zu Ihnen passt. Die neue Form des Gefühls sollte angenehm und entspannend für Sie sein. (Zum Beispiel können Sie die Farbe von Rot auf Blau ändern, den Konzentrationszustand von fest und schwer auf leichtes Gas ändern, die Temperatur von heiß auf kalt ändern, usw.) Gehen Sie jede Submodalität durch, ändern Sie sie langsam und sorgfältig in diejenige, die Sie möchten.

5. Nehmen Sie dann dieses Gefühl mit Ihrer Hand und entfernen Sie es aus Ihrem Körper, indem Sie es vor sich platzieren. Wenn die Emotion vor Ihnen ist, beeinflusst sie Sie nicht mehr.

6. Ändern Sie jede Submodalität dieses Gefühls in diejenige, die am besten zu Ihnen passt. Die neue Form des Gefühls sollte angenehm und entspannend für Sie sein. (Zum Beispiel können Sie die Farbe von Rot auf Blau ändern, den Zustand von schwerem Feststoff auf leichten Gas, die Temperatur von heiß auf kalt usw.) Gehen Sie jede Submodalität durch, indem Sie sie langsam und sorgfältig in diejenige ändern, die Sie möchten.

7. Wenn Sie alle Submodalitäten geändert haben, betrachten Sie dieses neue Gefühl und fragen Sie sich, ob dieses Gefühl bereits dem entspricht, was ich in meinem Körper haben möchte. Wenn ja, gehen Sie zum nächsten Schritt über. Andernfalls kehren Sie zu Schritt 5 zurück und fügen Sie zu diesem Gefühl hinzu, was noch fehlt.

8. Nehmen Sie jetzt dieses neue Gefühl und legen Sie es in Ihren Körper an genau die Stelle, an der sich das alte befand. Fühlen Sie, wie gut es sich an dieser Stelle anfühlt, während sich Ihr ganzer Körper entspannt. Stellen Sie sich einen Moment lang vor, wie dieses Gefühl an dieser Stelle erlebt wird.

9. Stellen Sie sich erneut die stressige Situation zu Beginn der Übung vor (diesmal mit einer neuen Emotion) und beobachten Sie, wie Sie sich jetzt fühlen.

Ähnlich wie in Punkt 4 kann es manchmal schwierig sein, ein Gefühl herauszubekommen. Es kann zu hart sein oder eine Form haben, die es schwer macht, es herauszuziehen. Das ist in Ordnung, es gibt einen Weg. Stellen Sie sich vor, Sie haben ein Werkzeug zur Hand, um die Aufgabe zu erleichtern. Scheren, einen Eimer, Zangen, alles, was Sie wollen. Verwenden Sie sie in Ihrer Vorstellung, um dieses Gefühl aus Ihrem Körper zu holen. In einer der Trainingssitzungen hatte jemand Stress in Form eines Tentakels, der an seine Knochen gebunden war. Wir schnitten diese Tentakel mit großen Scheren ab - sobald die Tentakel nicht mehr befestigt waren, war es sehr einfach, sie zu entfernen. Haben Sie Spaß mit diesem Prozess, denn viel hängt von Ihrer Vorstellungskraft ab. Es gibt keine klare Antwort darauf, wie man Stress loswird; vieles hängt von der Erkundung einzigartiger Aktivitäten ab, die zu Ihnen passen.

Verwenden Sie diese Technik so oft wie möglich. Nach einer Weile werden Sie sich daran gewöhnen und sie automatisch anwenden, auch ohne das Gefühl aus Ihrem Körper zu entfernen. Sie werden einfach lernen, diesen Prozess automatisch durchzuführen. Machen Sie das vorerst zu Ihrem Ziel, denn die Gewohnheit dieser Technik gibt Ihnen eine enorme Kontrolle über Ihre eigenen Emotionen. Und das bedeutet, dass sich Ihre Lebensqualität erheblich verbessert.

Wie man sich entspannt

Haben Sie jemals einen Zustand vollkommener und tiefer Entspannung, Leichtigkeit und Glückseligkeit erlebt? Erfahren Sie, was Entspannung ist und wie Sie diesen Zustand in nur wenigen Minuten erreichen können. Sie werden alle Spannungen los und der Stress wird verschwinden wie weggeblasen. Wenn Sie sich nur wenige Minuten lang entspannen, werden Sie sich gut fühlen.

Aber zuerst machen Sie ein kleines Experiment:
Setzen Sie sich auf einen Stuhl, lehnen Sie sich nach vorne und beugen Sie sich. Spannen Sie Ihren Körper an und nehmen Sie eine Körperhaltung ein, als wären Sie gerade gestresst. Zeigen Sie ein besorgtes Gesicht und atmen Sie schnell und flach. Denken Sie jetzt an etwas Stressiges. Stellen Sie sich die Situation vor und tauchen Sie in diese Vorstellung ein, um den Stress zu spüren. Und jetzt ändern Sie plötzlich die Physiologie Ihres Körpers - setzen Sie sich so bequem wie möglich hin, entspannen Sie Ihre Muskeln, lächeln Sie und beginnen Sie tief zu atmen. Mit geschlossenen Augen denken Sie weiterhin an die stressige Situation. Hat sich etwas verändert?
Lass mich raten, der Stress ist verschwunden? Ganz und gar?

Dieses Erlebnis ist nur eine großartige Einführung, um die Frage zu beantworten, wie man sich entspannen kann. ***Wie Sie wissen, sind es negative Gedanken, die Stressgefühle auslösen***. Wie Sie über das, was auf Sie zukommt, denken, bestimmt Ihren emotionalen Zustand. Stress ist eine rein physiologische Reaktion, was bedeutet, dass Ihre Muskeln sich zusammenziehen und Sie Cortisol, das Stresshormon, freisetzen. Folglich lösen Gedanken eine bestimmte Reaktion im Körper aus. Sie haben dies jedoch gerade selbst erlebt. Es funktioniert auch umgekehrt. Die Veränderung der Physiologie Ihres Körpers beeinflusst Ihre Emotionen und Ihre Denkweise. Mit diesem Wissen wird Entspannung für Sie viel einfacher sein.
Es ist nicht möglich, gestresst zu sein, wenn alle Muskeln Ihres Körpers entspannt sind. Das Entspannen Ihres Körpers ermöglicht es Ihnen, negative und stressige Gedanken aus Ihrem Kopf zu vertreiben. Diesmal werden wir also nicht mit dem Verstand arbeiten, um zu verändern, was Sie fühlen. Wir werden mit der Physiologie Ihres Körpers arbeiten, um Ihre Emotionen und Gedanken zu ändern. In der Praxis werden Sie lernen, sich leichter und schneller zu entspannen. Das ist es, was die Jacobson-Entspannung macht. Sie wurde in den 1920er Jahren von

Edmund Jacobs entwickelt, basierend auf der Annahme, dass mentale Entspannung aus körperlicher Entspannung resultieren sollte.

Ein unruhiger Geist kann nicht in einem entspannten Körper existieren.
Edmund Jacobson

Das Üben von Jacobsons Entspannungstechnik wird Ihnen helfen, Ihre Stress- und Spannungsniveaus im Laufe des Tages erheblich zu reduzieren. Ihre Konzentration und Ihre Fähigkeit, mit schwierigen Situationen umzugehen, werden zunehmen. Sie werden entspannter und ruhiger sein. Wenn Sie regelmäßig üben, werden diese Effekte nach etwa zwei Wochen nicht nur eine gewisse Zeit nach der Übung, sondern bereits den ganzen Tag, jeden Tag anhalten. Die positiven Auswirkungen dieser Art von Entspannungsübung sind sehr deutlich, daher werden Sie sie schnell bemerken.

Jacobsons Entspannung

Die Jacobson-Entspannung ist eine sehr einfache Übung. Sie besteht darin, bestimmte Muskeln im Körper für einige Sekunden anzuspannen und dann zu entspannen. Auf diese Weise sollen Sie jede Muskelgruppe im Körper "bearbeiten". Jedes Mal, wenn Sie die Spannung lösen, nehmen Sie sich einige Sekunden Zeit, um zu bemerken, wie angenehm sich die Empfindung anfühlt, während ein Zustand der Entspannung und Ruhe in Ihren Körper einzieht. Entspannung ist in der Tat ein angenehmer Zustand!

Bevor ich Ihnen spezifische Schritt-für-Schritt-Anweisungen zur Funktionsweise der Entspannungsübung gebe, hier einige Tipps:

- Die Entspannungsübung sollte etwa 20 Minuten dauern. Versuchen Sie, dies einmal täglich zu üben. Wenn dies nicht möglich ist, tun Sie es alle zwei Tage. Sie können immer etwas früher aufstehen, um Zeit zum Entspannen zu haben.

- Üben Sie regelmäßig, damit die Entspannung mit der Zeit zur Gewohnheit wird.

- Stellen Sie sicher, dass Sie nicht gestört werden. Wenn es Geräusche in Ihrer Umgebung gibt, spielen Sie ruhige Musik ab oder gehen Sie zur Apotheke und kaufen Sie Ohrstöpsel.

- Finden Sie einen bequemen Ort. Sie können sich auf Ihr Bett legen oder auf einen bequemen Stuhl setzen. Positionieren Sie sich so, dass Ihr Körper sich vollständig entspannen kann. Wenn Sie müde sind, legen Sie sich nicht auf das Bett, da Sie einschlafen könnten. Am angenehmsten ist es, das Gefühl der tiefen Entspannung bewusst zu spüren, ohne einzuschlafen.

- Machen Sie sich keine Sorgen, ob Sie es gut machen oder nicht. Entspannen Sie sich. Lassen Sie alle Gedanken oder Erwartungen in Bezug auf die Technik los. Versuchen Sie nicht, sich mit Gewalt zu entspannen, kämpfen Sie nicht gegen Ihre Gedanken an, lassen Sie los und entspannen Sie sich.

- Wenn Ihre Gedanken während der Übung abschweifen, ist nichts passiert. Kommen Sie ruhig zur aktuellen Übung zurück. Sie werden sehen, dass Sie sich mit der Zeit immer mehr verbessern werden. Sie werden immer tiefer entspannte Zustände in immer kürzerer Zeit erreichen. Der Schlüssel zu effektiver Entspannung besteht darin, regelmäßig zu üben.

- Spannen Sie Ihre Muskeln etwa 5 Sekunden lang an. Während dieser Zeit halten Sie einige Muskeln angespannt - ausreichend, aber nicht zu stark. Nach dieser Zeit lassen Sie los und spüren, wie sich der Muskel entspannt. Geben Sie sich 10 Sekunden Zeit, um die Entspannung des Muskels zu spüren.

Und so sollte die Übung ablaufen.

Lesen Sie die unten stehenden Anweisungen zwei oder drei Mal durch und beginnen Sie.

2.	Zuerst nehmen Sie zwei tiefe Atemzüge. Atmen Sie langsam aus. Jetzt ballen Sie Ihre Fäuste in beiden Händen. Spüren Sie die Spannung, halten Sie sie etwa 5 Sekunden lang... Und lassen Sie sie los. Gönnen Sie sich einen Moment, um das angenehme Entspannungsgefühl in diesem Bereich zu bemerken.
3.	Spannen Sie alle Muskeln in beiden Händen an, indem Sie Ihre Unterarme gegen Ihre Schultern drücken. Halten... Und lassen Sie los.
4.	Spannen Sie Ihre Schultern an. Halten Sie die Spannung... Und lassen Sie los.
5.	Heben Sie Ihre Augenbrauen und runzeln Sie Ihre Stirn. Halten... Und lassen Sie los.

6. Schnüren Sie Ihre Augenlider und spannen Sie alle Muskeln um Ihre Augen herum an. Spannen Sie sie einen Moment an... Und lassen Sie sie los.

7. Beißen Sie fest die Zähne zusammen und drücken Sie die Zunge fest gegen den Gaumen. Halten... Und entspannen Sie sich.

8. Neigen Sie Ihren Kopf nach hinten und spannen Sie die Muskeln im hinteren Teil Ihres Nackens an. Warten Sie einen Moment... Und lassen Sie los. Wiederholen Sie diesen Schritt zweimal, da die Nackenmuskulatur normalerweise am stärksten gespannt ist.

9. Spannen Sie die Muskeln Ihres Rückens an. Halten... Und entspannen Sie sich.

10. Atmen Sie tief ein, halten Sie die Luft an und spannen Sie die Muskeln Ihrer Brust an. Halten Sie durch, und beim Ausatmen entspannen Sie diese Muskeln.

11. Spannen Sie Ihre Bauchmuskeln an. Halten... Und entspannen Sie sich.

12. Spannen Sie die Muskeln Ihrer Gesäßmuskeln an. Halten... Und entspannen Sie sich.

13. Spannen Sie die Muskeln Ihrer Beine an. Zuerst Ihre Oberschenkel, dann Ihre Waden. Halten... Und entspannen Sie sich.

14. Spannen Sie die Muskeln Ihrer Füße an, indem Sie Ihre Zehen in Richtung Ihres Gesichts zeigen. Halten... Und entspannen Sie sich.

15. Spannen Sie Ihre Zehen an, indem Sie die Muskeln in ihnen anspannen. Halten... Und entspannen Sie sich.

16. Fühlen Sie bewusst den Zustand Ihres Körpers. Spüren Sie die tiefe Entspannung, in der Sie sich befinden. Wenn ein Muskel noch etwas angespannt ist, spannen Sie ihn fest an und lassen Sie ihn los.

Genießen Sie diesen angenehmen Zustand für einige Minuten, indem Sie sich vorstellen, dass Sie an einem Strand, in einem Wald oder auf einer Wiese sind. Konzentrieren Sie sich jetzt auf diese Vorstellung, sehen, hören und fühlen Sie sie. Nach einigen Minuten atmen Sie tief ein und stehen auf, um diese Übung abzuschließen.

Durch regelmäßiges Üben auf diese Weise werden Sie interessante zusätzliche Effekte feststellen. Die systematische Entspannung bedeutet, dass Sie im Laufe der Zeit lernen werden, Ihre Muskeln bewusst zu spüren und zu entspannen, auch ohne sie zuvor anzuspannen. Genauso wie Sie heute jedes Muskel in Ihrem Körper anspannen können, indem Sie ein Signal vom Gehirn an den Muskel senden, werden Sie in der Lage sein, ihn genauso zu entspannen. Dies ist eine Fähigkeit, die trainiert werden kann.

Später können Sie es nicht nur während der Entspannungsübung verwenden, sondern auch den ganzen Tag über. Wenn Sie verschiedene Aktivitäten ausführen, bemerken Sie oft nicht, wie viele Muskeln in Ihrem Körper angespannt sind. Normalerweise sind viel mehr Muskeln angespannt, als notwendig ist. Wenn Sie beispielsweise ein Buch lesen, lassen Sie nur die für diese Aktivität erforderlichen Muskeln angespannt bleiben. Alle anderen Teile Ihres Körpers können entspannt sein. Auf diese Weise wird Ihr Körper weniger Energie verbrauchen. Außerdem werden Sie sich entspannter fühlen, und Ihre Konzentration wird erheblich verbessert sein.

Ich ermutige Sie, diese Entspannungstechnik so oft wie möglich zu üben. Sie werden neue Erfahrungen sammeln und ich bin sicher, dass Sie diese Technik oft anwenden werden. Die Jacobson-Entspannung ist eine Investition in ein stressfreies Leben. Wenn Sie sich ruhig und entspannt fühlen können, warum sollten Sie es nicht versuchen?

TRE, die effektivste Methode zur Stressbewältigung

Ich werde Ihnen von einer einfachen, aber kraftvollen Methode erzählen, die sowohl im therapeutischen Bereich als auch außerhalb sehr effektiv ist. Diese Methode nennt sich TRE (trauma releasing exercises) und ermöglicht es, einen Teil des Stresses und der Spannungen, die wir empfinden, abzubauen. Es gibt bereits Informationen im Internet über diese Methode. Hier beabsichtige ich, einige relevante Hinweise hinzuzufügen.

Der Hirsch, der vor Gefahren flieht, um zu überleben, setzt viele Hormone frei, die es ihm ermöglichen, in lebensbedrohlichen Situationen zu entkommen. Sobald er an einem sicheren Ort ist, beginnt er zu zittern, um die Stresshormone freizusetzen, die er angesammelt hat. Hier sehen Sie ein Beispiel für einen Eisbären, der viel Stress von Menschen erfahren hat, die ihn untersuchen wollten:

- **Videotitel:** Trauma bär
- **Video-Link:** https://youtu.be/et4060geodi

Es stellt sich heraus, dass der menschliche Körper den gleichen Mechanismus verwendet.

Geschichte der TRE-Methode.

Die Technik wurde entdeckt, indem man die natürliche Reaktion auf Zittern im Körper beobachtete, das unmittelbar nach einem traumatischen Ereignis auftritt. David Berceli, der Schöpfer, war Missionar in Kriegsgebieten, wo er verschiedene Beobachtungen über die Reaktionen der örtlichen Bevölkerung gemacht hat. Einmal in einem Luftschutzbunker in Beirut (1979), als die Sirenen vor dem Eintreffen von Kriegsflugzeugen warnten, zogen die Menschen, die sich dort aufhielten, unterschiedlichen Alters, Nationalitäten und Berufen, jedes Mal ihren Körper in die gleiche Position und schützten instinktiv und unbewusst die Vorderseite ihrer Brust, indem sie sich zusammenzogen.

Es war wieder im Sudan, in einer ähnlichen Situation, dass er beobachtete, wie Kinder unkontrollierbar zitterten, wenn sie die Bomben hörten, während die

Erwachsenen es nicht taten. Sie antworteten David Berceli, nachdem der Moment vorbei war, dass sie das Bedürfnis hatten zu zittern, aber sie kontrollierten sich, weil sie ihre Angst nicht auf ihre Kinder übertragen wollten. David Berceli war entschlossen, die Natur dieser Zitterbewegungen zu erkunden, mit der Intuition, dass sie von entscheidender Bedeutung für die physische, emotionale und psychische Genesung einer Person nach einem traumatischen Ereignis waren. Einige Jahre später und nach einer Ausbildung in bioenergetischer Analyse entwickelte Berceli die TRE-Methode, um den durch traumatische Erlebnisse verursachten Stress zu reduzieren.

Psychologen haben bemerkt, dass kleine Kinder in stressigen Situationen natürlich zittern. Leider beginnen wir aufgrund sozialer Konditionierung, unsere Emotionen zu unterdrücken und zu ersticken, und verlieren dadurch den Zugang zu dieser Fähigkeit. Zittern wird als etwas Schlechtes angesehen, das mit Beruhigungsmitteln bekämpft werden muss. Dabei handelt es sich um eine natürliche, gesunde und notwendige Reaktion unseres intelligenten Körpers, deren Unterdrückung großen Schaden anrichtet. Es ist interessant festzustellen, dass jeder von uns sich auf diese Weise an den Umgang mit schwierigen Emotionen erinnern und sie täglich verwenden kann, um die Spannung im Körper abzubauen. Dennoch realisieren nur wenige Menschen, wie schädlich es für uns ist, Emotionen zu unterdrücken und anzustauen. Wenn wir uns vor einer Emotion aus Angst betäuben, stärken wir den Körper, ersticken uns selbst und verschließen uns vor der Erfahrung aller Emotionen. Nicht nur vor denen, die wir fürchten, sondern auch vor denen, die wir erwarten. Wenn wir das ein Leben lang tun, bildet unser Körper eine Rüstung. Der Hals zieht sich zusammen, die Gesichtsmuskeln spannen sich an, um Wutausbrüche oder Tränen zu verhindern. Die Schultern heben sich vor Angst, das Becken versteift sich. Wir fühlen nichts mehr. Es wird dann schwer zu wissen, was wir wirklich wollen und wer wir wirklich sind. Es ist, als würden wir im Leben sterben.

Die im Laufe der Jahre aufgestauten Spannungen sind Teil unserer "Standard"-Funktionsweise. Wir bemerken sie überhaupt nicht mehr. Wir gewöhnen uns so sehr daran, dass wir vergessen, dass wir früher entspannter waren. Wir spüren diese Spannungen nicht, da sie zu unserem Alltag gehören.

Die "TRE-Methode :

Die Methodik ist leicht zu erlernen: Einige einfache Übungen lösen neuromuskuläre Zitterbewegungen aus, die in den Beinen beginnen und sich aufwärts bewegen können, über das Becken, die Hüfte, den Bauch, die Brust, die Schultern, den Kiefer. Diese Zitterbewegungen lösen chronische muskuläre Verspannungen im "energetischen Zentrum" des Körpers, im Psoas-Muskel und in den paraspinalen Muskeln, während sie sich nach außen und entlang der Wirbelsäule bewegen und Spannungen vom Kreuzbein bis zum Schädel lösen. Sie beginnen oft in den Beinen und im Becken und steigen dann den Körper hinauf. TRE gilt als eine potenzielle Methode zur Stressbewältigung, die leicht individuell oder in der Gruppe unterrichtet werden kann.

Meine Erfahrung mit TRE :

Ich hatte eine seltsame Erfahrung bei meiner ersten TRE-Sitzung. Zumindest dachte ich das zuerst. Nach einem kurzen Aufwärmen und den ersten Übungen begann mein Körper von alleine zu vibrieren. Diese Vibrationen waren nicht so intensiv wie die des oben erwähnten Eisbären, aber sie waren sichtbar und deutlich spürbar. Es war etwas, das völlig außerhalb meiner bewussten Kontrolle lag. Natürlich konnte ich diese Vibrationen stoppen, indem ich meine Körperposition änderte, aber in der spezifischen Position, die ich einnehmen sollte, geschahen die Vibrationen von selbst - ich hatte sie in keiner Weise induziert. Die Vibrationen waren sowohl stärker als auch schwächer. Meine Aufgabe bestand darin, die Körperposition zu "finden", in der sie stärker wurden, und sie dann so lange wie bequem aufrechtzuerhalten.

Sie fragen sich vielleicht, wie diese Vibrationen im Allgemeinen aussehen. Geben Sie einfach "TRE (Tension & Trauma Releasing Exercises)" in die Suchleiste von Youtube ein, und Sie finden mehrere Tutorials, um die Übungen zu erlernen.

Meine erste Sitzung dauerte etwa 45 Minuten und bestand aus einer Reihe von Übungen, die darauf abzielten, Vibrationen in verschiedenen Teilen des Körpers auszulösen. Am Ende, nach einer kurzen Entspannung, fühlte ich mich erstaunlich gut. Es war, als ob mein ganzer Körper und alles, was er enthält, stillstand. Es fühlte sich an, als wäre ich leer, als ob jede Zelle meines Körpers tief still geworden wäre. Ich spürte auch Ruhe in meinem Kopf und erlebte einen Zustand stiller Präsenz. Nach der Sitzung begannen diese Gefühle langsam an Intensität zu verlieren, aber auf einem gewissen Niveau blieben sie etwa 3 Stunden lang bei mir. Ich habe bisher an zwei TRE-Sitzungen teilgenommen, daher ist es für mich schwer zu sagen, welche langfristigen Auswirkungen die Arbeit mit dieser Methode in meinem Fall haben könnte. Außerdem habe ich das Gefühl, nicht das beste Forschungsobjekt zu sein - ich erlebe im Alltag nicht zu viel Stress, und meine Erfahrung mit TRE ist eher von Neugier und dem Wunsch geprägt, neue Wege des

Arbeitens mit Menschen zu lernen und zu verstehen, als von etwas, was ich in diesem Stadium meines Lebens unbedingt für mich selbst brauche.

Trotzdem kann ich durch Beobachtung anderer sicher sagen, dass es sich lohnt, es auszuprobieren. Für einige wird es eine Praxis sein, die Teil ihrer täglichen geistigen Hygiene wird. Nach einigen Sitzungen mit jemandem, der professionelle TRE-Sitzungen leitet, kann man diese Übungen auch alleine zu Hause durchführen. Damit Sie es jetzt gleich selbst ausprobieren können, füge ich unten die Beschreibung einer der TRE-Übungen ein:

1. Stellen Sie Ihre Füße in hüftbreitem Abstand auf und lassen Sie Ihre Zehen leicht nach innen zeigen.
2. Beugen Sie sich nach vorne und lassen Sie Ihre Hände frei hängen. Die Knie sind leicht gebeugt.
3. Lassen Sie Ihr Gewicht auf Ihren Beinen ruhen. Die Hände sollen völlig entspannt sein.
4. Senken Sie Ihren Kopf so weit wie möglich.
5. Atmen Sie ruhig und tief ein.
6. Bleiben Sie in derselben Position und verlagern Sie Ihr Gewicht auf die Vorderseite Ihrer Füße, ohne die Fersen vom Boden zu heben.
7. Heben Sie langsam Ihre Beine in den Knien an, bis Sie die Muskeln an der Rückseite Ihrer Beine spüren, ohne Ihre Knie ganz zu strecken oder zu verriegeln.
8. Bleiben Sie einige Minuten lang in dieser Position. Wenn Muskelkontraktionen auftreten, versuchen Sie nicht, sie zu stoppen.

Die Vorteile von "TRE :

Es gibt einige Studien zur empirischen Validität dieser Methode, von denen wir zwei erwähnen werden. Eine wurde von Maceda (2013) in Brasilien durchgeführt, um die Auswirkungen der TRE-Technik bei Fällen von Geschlechtergewalt zu bewerten. Die Ergebnisse legen nahe, dass die Anwendung dieser Technik als therapeutisches Werkzeug wirksam ist, da sie effektive Strategien zur Vorbeugung von Gewalt und zur Reduzierung von Stress, traumatischen Symptomen und dissoziativen Verhaltensweisen bietet. Die andere ist eine Pilotstudie mit Mitarbeitern der Organisation Children's Villages in Südafrika, deren Ergebnisse darauf hindeuten, dass die systematische und wiederholte Aktivierung des selbstinduzierten Zittermechanismus therapeutischen Nutzen verspricht.

Zuletzt sollten die Vorteile der Anwendung der Technik als therapeutisches Werkzeug in Ergänzung zur Psychotherapie hervorgehoben werden. Neben der Förderung der Wiederherstellung des körperlichen Gleichgewichts erhöht diese Technik die Erfolgschancen der verbalen Therapie. Es sei auch darauf hingewiesen, dass die Anwendung der TRE-Technik in einem therapeutischen Kontext empfohlen wird, da sie die Freisetzung von Emotionen und Erinnerungen im Zusammenhang mit Traumata auslösen könnte. Dennoch, bei persönlicher Anwendung der Technik, wird die Erfahrung unter der Kontrolle der Person sein, die die Intensität der Zitterbewegungen je nach ihrer Toleranzstufe regulieren kann. Vorsicht ist ratsam, und es ist immer besser, die Technik nach Erlernen des Verfahrens mit Hilfe eines Therapeuten alleine auszuführen.

Vielen Dank fürs Lesen und viel Glück ☺